焦桐长青，精神永恒

焦裕禄
纪念册

★

本书编写组　编

人民东方出版传媒
People's Oriental Publishing & Media

东方出版社
The Oriental Press

图书在版编目（CIP）数据

焦桐长青，精神永恒：焦裕禄纪念册 /《焦桐长青，精神永恒——焦裕禄纪念册》
编写组编 . —北京：东方出版社，2023.4
ISBN 978-7-5207-2967-3

Ⅰ . ①焦⋯　Ⅱ . ①焦⋯ ②精⋯　Ⅲ . ①焦裕禄（1922-1964）—纪念文集　Ⅳ .
① D263-53

中国版本图书馆 CIP 数据核字（2022）第 165781 号

焦桐长青，精神永恒：焦裕禄纪念册

（JIAOTONG CHANGQING JINGSHEN YONGHENG JIAOYULU JINIANCE）

主　　编：《焦桐长青，精神永恒——焦裕禄纪念册》编写组
责任编辑：张永生
责任校对：曾庆全
出　　版：东方出版社
发　　行：人民东方出版传媒有限公司
地　　址：北京市东城区朝阳门内大街 166 号
邮　　编：100010
印　　刷：环球东方（北京）印务有限公司
版　　次：2023 年 4 月第 1 版
印　　次：2023 年 4 月北京第 1 次印刷
开　　本：710 毫米 ×1000 毫米　1/16
印　　张：18
字　　数：214 千字
书　　号：ISBN 978-7-5207-2967-3
定　　价：69.00 元
发行电话：（010）85924663　85924644　85924641

前 言

　　"百姓谁不爱好官？把泪焦桐成雨。生也沙丘，死也沙丘，父老生死系。"习近平同志的一首《念奴娇·追思焦裕禄》，道出了党的好干部焦裕禄的为民情怀与精神风貌。

　　百余年来，中国共产党人在非凡的奋斗征程上，形成了一系列优良传统和作风，同时也构建了党的精神谱系。焦裕禄精神，是中国共产党人精神谱系的一个重要组成部分，而且是其中少数以党员个人名字命名的精神之一。为什么呢？因为他身上集中体现了中国共产党人的优良作风和政治品格，因为他始终坚守入党初心。

　　焦裕禄出生于山东省博山县一个贫苦的农民家庭，和他那个年代绝大多数普通劳动人民一样，是旧社会"被侮辱与被损害的人"。封建地主、反动政府、日伪势力逼得他和乡亲们连靠劳动吃口饱饭都难。在那样的时代，焦裕禄坐过日本人的监狱，也曾背井离乡，靠出卖劳力谋生。

　　抗日战争胜利前夕，焦裕禄回到已经解放了的家乡，看到的是一片"明朗的天"，看到一群想带领群众打碎万恶旧世界的人。他豁然开朗，主动要求参加村里的民兵组织。在新的道路上，他的才智得以充分发挥。1946 年初，表现优异的民兵班长焦裕禄，实现了加入中国共产党的愿望。他的入党介绍人李景伦回忆说："焦裕禄的阶级斗争立场坚定、稳固。党交给他的任务，他千方百计地完成……"

1

今天，我们想到焦裕禄，大多想到的是他在兰考工作的 470 天。诚然，焦裕禄在担任兰考县委书记期间，把一个共产党员的初心、把党的宗旨，不折不扣、淋漓尽致地体现在行动中。但是，如果回顾他入党后的 18 年，他在不同岗位上的表现，何尝不是如此呢？

1947 年 7 月，焦裕禄被抽调参加南下干部工作队，成为"南下干部"的一员，到新解放区领导那里的工作。南下后，焦裕禄被分配到河南刚解放的尉氏县工作。从此，这位"山东大汉"就与河南结下了不解之缘，把自己的热血倾注在中原大地上。他领导过基层的土改、剿匪工作，担任过青年团干部，参加过新中国"156 项工程"中的大工厂建设。无论在哪个岗位上，他都是那个"心中装着全体人民，唯独没有他自己"的好干部，都是那个"党交给他的任务，他千方百计地完成"的共产党人。他一路走来，始终如一，直到在兰考耗尽心血，为我们留下一个"永恒的定格"——焦裕禄精神。

"历史川流不息，精神代代相传。"中国共产党人不但能创造伟大精神，更能传承发扬伟大精神。1966 年 2 月，长篇通讯《县委书记的榜样——焦裕禄》随着报纸和电波传遍神州大地，受到焦裕禄精神影响、以焦裕禄为榜样的人不知凡几。2014 年 3 月，习近平总书记重访兰考。他回忆说："我当时上初中一年级，政治课老师在念这篇通讯的过程中几度哽咽，多次泣不成声，同学们也流下眼泪。特别是念到焦裕禄同志肝癌晚期仍坚持工作，用一根棍子顶着肝部，藤椅右边被顶出一个大窟窿时，我受到深深震撼。后来，我当知青、上大学、参军入伍、当干部，我心中一直有焦裕禄同志的形象，见贤思齐，总是把他当作榜样对照自己。焦裕禄同志始终是我的榜样。"如何践行弘扬焦裕禄精神，习近平总书记为我们作出了榜样。

　　"榜样的力量是无穷的。"为帮助广大党员干部深学、细照、笃行焦裕禄精神，我们编写了《焦桐长青，精神永恒：焦裕禄纪念册》。这本纪念册以焦裕禄在兰考的事迹为中心，通过丰富翔实的回忆史料，讲述焦裕禄在不同岗位上留下的嘉言懿行，用具体而微的故事，生动诠释了以"亲民爱民、艰苦奋斗、科学求实、迎难而上、无私奉献"为主要内涵的焦裕禄精神。

　　焦裕禄离开我们已经半个多世纪了，当年他念兹在兹的兰考"三害"，早已消失得无影无踪。但他留下的精神，犹如天地之正气，永远不会过时。在全面建设社会主义现代化国家新征程上，我们仍然需要以焦裕禄精神为标杆，从中汲取智慧和力量，做到心中有党、心中有民、心中有责、心中有戒。

　　从焦裕禄的作风中，我们可以看到什么是"亲民爱民"，思考新时代如何坚守公仆精神；从他的行动中，我们可以看到"艰苦奋斗"的样子，思考新时代如何接续奋斗；从他的方法中，我们可以学到怎样"科学求实"，思考新时代如何做到求真务实；从他的态度中，我们可以学到怎样"迎难而上"，思考新时代如何攻坚克难；从他的品格中，我们可以体会到什么是"无私奉献"，思考新时代如何永葆共产党人的先进性。

　　这是本书的主要内容，也是我们编写本书的目的和宗旨。

目 录

contents

第四章 迎难而上

第五章 无私奉献

附 录

第一章　亲民爱民

"心中装着全体人民，
唯独没有他自己"

焦裕禄同志到兰考，不是为了做官，而是去为人民谋利益。他之所以被誉为县委书记的好榜样、共产党员的光辉典范，之所以深受人民群众爱戴，根本原因就在于他始终与老百姓心相连、情相依，同呼吸、共命运，在于他视人民群众为衣食父母、诚心诚意当人民公仆。

——习近平

1922 年 8 月 16 日，焦裕禄出生于山东省博山县（今淄博市博山区）崮山镇北崮山村一个贫苦的农民家庭，少年时只读了几年书就在家里劳动。在黑暗的旧社会，焦裕禄一家饱受日寇、国民党反动派的压迫，他的父亲被逼上吊自杀，他也被迫到外省给地主扛活。抗日战争胜利后，焦裕禄回到家乡。那时候，中国共产党已经在博山建立了组织，开展发动群众的革命活动。焦裕禄看到了光明，主动参加了民兵组织。他参加

博山焦裕禄纪念馆旁的焦裕禄故居　焦裕禄同志纪念馆 / 供图

过解放博山的战斗。随着觉悟的提高，焦裕禄在 1946 年 1 月加入了中国共产党。

在艰苦的革命斗争实践中，焦裕禄得到了锻炼，善良、热心的品质升华为对同志、对人民群众的深厚情感，体现在实实在在践行党的根本宗旨上。他当民兵时的老班长王西月回忆说，当民兵时的焦裕禄"没有发急的时候，没有不笑的时候，没有愁眉苦脸、想不出办法的时候。样样聪明，还不逞能；样样都懂，还虚心好学，样样事情都有了适当服人的主见，还要样样事情都与同事及下属商量"。焦裕禄的入党介绍人之一李景伦后来回忆当时的情况说："焦裕禄的阶级斗争立场坚定、稳固。党交给他的任务，他千方百计地完成，曾几次到敌占区侦察情况，起到了很大的作用。"

解放战争后期，焦裕禄参加了南下干部工作队，到了河南，被分配在尉氏县领导土改反霸工作。1949 年新中国成立后，他留在河南，做过青年团工作，参加过工业建设，直到 1962 年又被调回县里，先后在尉氏县、兰考县担任县委副书记、县委书记。

入党后的十几年中，无论在什么岗位

青年时期的焦裕禄　焦裕禄同志纪念馆 / 供图

焦裕禄人事档案记录了他入党的情况　焦裕禄同志纪念馆／供图

上，他给曾经与他共事的同志留下这样的印象：他的心里装着群众，关心群众、相信群众、依靠群众，与老百姓有着深厚的感情。他做的这些事情，小到行军时帮助体弱的同志背枪背干粮，给有困难的同志一些生活帮助，把自己应得到的待遇让给别人，要求患病的同志去休息去治疗，大到无论是发动群众搞土改还是带领群众战胜灾害搞建设，都充分说明他能和群众打成一片，被群众看作自己最信赖的亲人。

但是，焦裕禄心中"唯独没有他自己"，他是以"把一切献给党"的精神为党工作的。他去兰考工作时，已经患有严重的肝病。为了缓解病痛，他常常用左手按着肝部，或用一根硬东西顶在椅子的右边。久而久之，他办公坐的藤椅的右边藤网被顶出了一个大窟窿。同志们发现后，劝他去疗养。他笑着说："病是个欺软怕硬的东西，你压住它，它就不欺侮你了。"

焦裕禄去地委开会时，他的老上级、开封地委书记张申劝他去治疗。他却说："春天要安排一年的工作，离不开！"地委领导没办法，只好请来一位有名的中医给他诊断开药，但因为药费很贵，他不肯买。焦裕禄说："灾区群众生活很困难，花这么多钱买药，我能吃得下吗？"同去开会的同志只好背着他买来 3 剂药，强迫他服了，但他执意不肯再服第 4 剂。

1964 年 3 月，焦裕禄到三义寨公社调研。在听汇报时，他的手就不停地颤抖，钢笔几次从手里滑落。汇报的同志们要停下来，焦裕禄却非常镇定地劝他们往下说。汇报结束后，焦裕禄要到下面几个村子里看一下，但刚走出公社大门口，剧烈的肝疼使他喘不过气来，几乎晕倒，只好回到县城。兰考县人民医院诊断：焦裕禄是肝病急性发作，必须立即转院治疗！兰考县委决定，马上派人送焦裕禄去开封治病。但焦裕禄还

焦裕禄生前坐过的藤椅。这把藤椅生动诠释着焦裕禄精神的深刻内涵　王代伟 / 供图

是做了最后的拼搏，他详细地部署了县委的工作，又找几位同志谈话，忙了整整的一天。晚上，他回到家里，又拿起笔，准备写一篇文章，题目是《兰考人民多奇志，敢教日月换新天》，并拟好了小标题。但文章还没写完，剧烈的肝痛就迫使他放下了笔……

张申得知此事后，直接下命令让焦裕禄住院治疗。当张申去医院看望他时，他还挣扎着要从躺椅上起来。张申制止住他，但焦裕禄惦记的还是县里的工作。他说："兰考的工作正在'爬坡'，非常需要我回去，三两天医院诊断清楚以后，我就可以回去了。"焦裕禄去世后，张申一直为自己不清楚焦裕禄病情的严重程度而内疚。他在回忆焦裕禄的文章中写道："听到你逝世的消息，真使我感到心痛欲裂。焦裕禄同志，我们党多么需要你这样的好党员，兰考人民多么需要你这样的好干部啊！"

焦裕禄去世后，人们想找一些他在兰考工作的照片，可找来找去只有4张。是焦裕禄没有条件拍照吗？当然不是。县委有一台照相机，在县委通讯干事刘俊生那里。焦裕禄重视宣传鼓动工作，每次下乡都叮嘱刘俊生带上照相机。但是，焦裕禄不让他给自己拍照，总是说："不要给我照！要照，就去给群众照！"刘俊生记得，1963年9月的一天，焦裕禄让刘俊生到老韩陵大队给群众拍照。当他赶到的时候，焦裕禄正在村北的红薯地里和社员一起劳动。看着焦裕禄熟练地锄地，刘俊生一时激动，偷偷拍下了这个场景。当焦裕禄到花生地里拔草时，刘俊生又抓住机会，偷偷地按下了相机的快门。他后来回忆说："当时，我要不采取这样巧妙的对策，这张照片也是很难拍摄下来的。"

一天下午，焦裕禄带着刘俊生等人到胡集南地调研，看到社员们正在地里劳动，就放下自行车向社员们走去。这时，一位公社书记向焦裕禄提议说："焦书记啊，我很想和你拍一张照片，留个纪念。"焦裕禄说：

描绘焦裕禄工作情景的木刻画　焦裕禄同志纪念馆／供图

"咱拍照片有啥用？"刘俊生听到这里有些激动，顺口接着说："焦书记，我给你提个意见。我每次跟你下乡，你都让我带上照相机，为什么不让我给你拍照片呢？"焦裕禄笑着解释说："广大群众改变兰考面貌的决心和忘我劳动的精神，是多么感动人啊！给他们拍照片多么有意义，对他们的鼓舞是多么大啊！"

焦裕禄说完，又给刘俊生举了个例子："那一次，咱们到耿庄去，群众一看要给他们照相，把衣服一脱，挥动工具，口里喊着，'加劲干哪！加劲干哪！看，给咱照相咧！'你看，给群众照相对他们鼓舞多大啊！叫你拿着照相机，就是为了多给群众拍些照片，给我拍照片起啥作用呢？"

对焦裕禄的说法，刘俊生表示反对。他说："如果把你和群众在一起

焦裕禄在田间劳动　焦裕禄同志
纪念馆／供图

焦裕禄在泡桐树旁的留影　焦裕
禄同志纪念馆／供图

劳动的情景照下来，叫群众看一看，他们会兴奋地说，'啊！焦书记和我们在一起劳动，照了相。'这对他们鼓舞不就更大了吗？"

　　焦裕禄见刘俊生说得在理，就笑着答应了他的请求，说："我爱泡桐，就在泡桐跟前给我照个相吧。"于是，焦裕禄走到泡桐树旁，用手扶着一棵泡桐树，说："照吧！"就这样，刘俊生给他拍下了那张令无数人难以忘记的照片。接着，焦裕禄又和那位公社书记拍了一张合影。刘俊生一直精心保存着焦裕禄在兰考拍的这几张珍贵照片，把它们贴在日记本的第一页上，压在玻璃下边，时刻让焦书记的精神提醒鼓舞着自己。

　　2009年4月，习近平同志到河南调研，专程前往兰考县焦裕禄纪念园参观焦裕禄事迹展，向焦裕禄陵墓敬献花篮，并看望焦裕禄同志的亲属，与兰考县的干部群众进行座谈。在焦裕禄的照片前，已经退休的刘俊生向习近平同志介绍了当时自己"偷拍"焦裕禄的往事，以及焦裕禄关于"多拍群众少拍我""拍我有啥用"的要求。习近平同志听了之后感叹说，焦裕禄同志的确"心中装着全体人民，唯独没有他自己"！

"要密切联系群众，
做群众的知心朋友"

对于我们共产党人来说，老百姓是我们的衣食父母……像爱自己的父母那样爱老百姓，为老百姓谋利益，带着老百姓奔好日子。

——习近平

邓小平有句名言："我是中国人民的儿子。我深情地爱着我的祖国和人民。"①这是对中国共产党人为民情怀的精辟概括。封建社会的官员，自称是百姓的"父母官"，实际上绝大多数却是骑在人民头上压迫人民的人。中国共产党人把人民视作父母和亲人，全心全意为人民服务。焦裕禄正是不折不扣地践行这一根本宗旨的共产党人之一。

1948年初，焦裕禄跟随南下干部工作队到了河南省尉氏县，留在那

---

①《邓小平思想年谱（1975—1997）》，中央文献出版社2011年版，第182页。

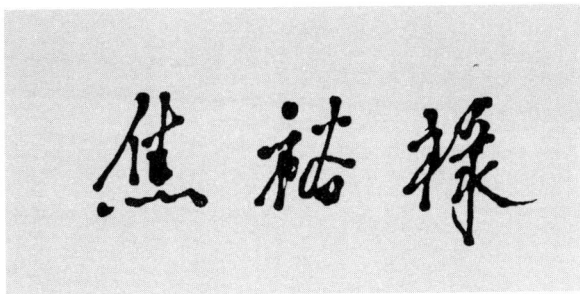

邓小平 1990 年 6 月为纪实文学《焦裕禄》题写的书名 焦裕禄同志纪念馆 / 供图

里开展土改反霸斗争。焦裕禄被任命为尉氏县彭店区委委员兼区工作队指导员，带着一支 20 多人的小分队，领导彭店的工作。

那时候，尉氏县还没有完全解放，土匪、恶霸十分猖獗。所以，焦裕禄带领的小分队不仅是工作队，还是宣传队和武工队。面对错综复杂的形势，焦裕禄确定了发动群众、组织土改的步骤：一是扎根串连，访贫问苦；二是发动积极分子诉苦，开展反霸斗争；三是建立乡村政府；四是没收地主土地，土改分田；五是组织建立农会和保田队。

土改形势是复杂的，当地有些贫雇农忧心忡忡，担心共产党会走，担心共产党不给贫雇农作主，担心地主恶霸和土匪的报复，因此工作队给他们粮食，他们不敢要，给他们分地，他们也不敢种。针对这种情况，焦裕禄确定了工作步骤后，就和队员们分别深入各个试点村，深入群众访贫问苦，了解贫雇农被剥削、被压迫的情况，了解地主恶霸为非作歹的罪行，特别是反复宣传党的方针政策，解除群众的思想顾虑。

大年初四这天，焦裕禄到了彭店，向老乡们打听村子里的情况，有人告诉他全村最穷的贫农叫刘庚申。焦裕禄直接去找他，进门的时候，刘庚申正在家里整理红薯叶，这些红薯叶就是他家过年的食物。

刘庚申见一个背着行李、挎着手枪的人进来，赶紧给母亲使了个眼

1947年10月10日，《中国土地法大纲》颁布实行。随后各解放区开展土地改革。因此，焦裕禄1948年南下来到河南尉氏县领导土地改革。图为工作人员把《中国土地法大纲》抄写在墙上向农民宣传新土地政策的情形　焦裕禄同志纪念馆/供图色，自己想赶紧溜。没想到，焦裕禄开口就喊他"哥"，并自报家门，说明来意。焦裕禄对刘庚申说："我也是个穷人，在家被老财逼得没办法，才参加了穷人的队伍。俺是来帮助穷人翻身的。咱都是穷人，穷人都知道穷人的心事。俺到这里是想了解一下情况，绝不给你添什么麻烦……"见刘庚申的母亲在旁边，焦裕禄又对老人说："大娘，你以后就有两个儿子啦，我就是你的二儿子。明儿个，俺哥俩养活你，妈，中不中？"老人笑着连连点头。就这样，焦裕禄在刘庚申家住了下来。

　　土改期间，焦裕禄住在刘庚申家里，和他们相处得如同一家人。焦裕禄喊刘庚申的母亲"妈"，刘母也把焦裕禄看作自己的孩子。刘家没吃的，焦裕禄就给他们面粉；没烧的，焦裕禄就找柴火。刘母做好饭，如果不先端碗，焦裕禄决不端碗；刘母不先动筷子吃，焦裕禄也决不先动筷子。有时焦裕禄外出开会，还会给老人捎点儿食物。刘母说："孩子，你没几个钱，还给妈捎这个干啥？"焦裕禄说："你是俺妈哩，我有一分钱也应该想着给妈捎点儿东西吃。"

黄老三是尉氏县大营区一带横行一时的土匪恶霸，焦裕禄任大营区副区长时，曾三擒黄老三。最终黄老三被依法逮捕，判处死刑，为土改工作扫清了道路。图为人民政府对黄老三的判决书　焦裕禄同志纪念馆／供图

17

1951年4月13日，焦裕禄（后排左三）在尉氏县工作时与同志们合影　焦裕禄同志纪念馆／
供图

刘庚申后来回忆说："人心都是肉长的。他对我妈这么好，我妈就像待亲儿子一样待他，我也把他当成亲兄弟，来时是怕他，后来亲他。"焦裕禄对村子里其他贫苦农民也是这样的态度。一天，他听说老长工张合家没饭吃了，就背了半袋面粉送到他家。张合活了大半辈子也没遇到过这样的好事，有些不知所措。焦裕禄做过自我介绍后对他说："我听说你家吃的有些紧巴，过年也没吃上顿好面馍，我给你背来些白面，又给你弄了点儿菜，你给俺兄弟、妹妹包顿饺子吃吧。"张合感动得流出了眼泪。原来他不敢接近工作队员，从这以后，他把工作队的人当作自己的亲人。

村子里有一位60多岁的孤寡老人郭大娘。由于生活所迫，郭大娘的大女儿被卖掉了，二女儿远走他乡，老人的生活十分困苦。焦裕禄知道后，到了她家，往灶火门前一坐说："大娘，听说你没儿子，以后你就有儿子啦。"焦裕禄叫郭大娘"娘"，经常帮她干活，给她送粮送柴。郭大娘生病时，焦裕禄就给她煮饭端饭、寻药治病。郭大娘逢人便说："裕禄这个人真好，比俺亲儿子还亲哩。"

在刘庚申、张合等贫苦村民的帮助下，焦裕禄很快摸清了村子里的情况，把群众发动起来，土改反霸斗争扎扎实实地开展起来。在焦裕禄组织的群众大会上，贫雇农高呼："毛主席好！""共产党好！""毛主席派来的工作队好！"随着土改斗争的顺利进展，工作队在彭店40多个村庄动员青年参军、支前，支援人民解放战争。

把群众冷暖记心间，依靠群众、相信群众，是焦裕禄一以贯之的作风。焦裕禄在尉氏县工作时培养的农村干部任同彬回忆说，焦裕禄常说的一句话是："我老焦没什么能耐，上靠共产党领导，下靠群众力量，有这两座靠山就能做好工作。"

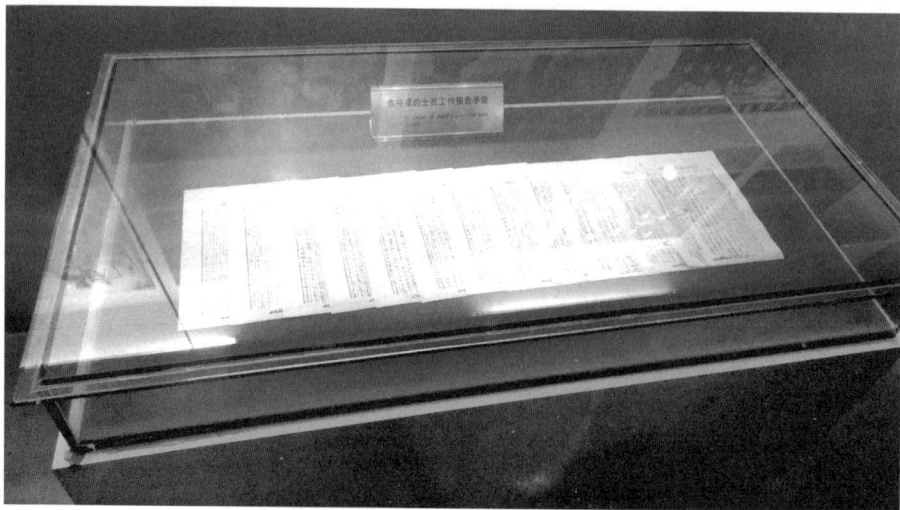

焦裕禄在彭店区写的土改工作报告　焦裕禄同志纪念馆／供图

　　焦裕禄在洛阳矿山机器厂担任调度科科长时的副手、曾和焦裕禄一起工作多年的同事刘玉营回忆说，焦裕禄经常说的话是"一名共产党员要密切联系群众，做群众的知心朋友，要帮助群众进步。首先要有一颗对党、对阶级兄弟的赤诚忠心，不能有任何私心杂念。有了私心就会忘掉党性，人也会变得自私，听不到群众的心声，摸不到群众的脉搏"。

　　焦裕禄调到兰考县工作后，也曾对县委的同志们说过这样的话："安排好群众生活，是做好一切工作的基础和保证。安排好生活的本身也就是促进除'三害'斗争，尽快地改变兰考灾区面貌的重要措施。"

　　焦裕禄是这样说的，更是这样做的。1963年，焦裕禄带几位干部到兰考县受灾最严重的红庙公社葡萄架大队蹲点。在那里，他边组织村民开展生产自救，边到群众中访贫问苦，帮他们解决实际问题。

　　村民王连璧家缺衣少食，眼看就熬不过这个冬天了。焦裕禄和大家研究决定，重点救济王连璧一家，首先解决他家几口人的棉衣问题。几天后，焦裕禄带人去王连璧家摸情况。一进门，焦裕禄就问王连璧吃过饭没有。王连璧说吃过了。焦裕禄摸了摸锅说："锅里没热气，咋能说吃罢饭了。"王连璧只好如实说，家里断粮了，但是刚拿到救济的棉衣，不好再开口要救济粮了。焦裕禄给他讲了栽树治沙、挖沟排水的办法，鼓励他积极开始生产自救。当天，焦裕禄就让人解决了王连璧家吃饭的问题。几天后，焦裕禄又帮王连璧弄了一辆架子车，让他给供销社拉货，挣点工钱，补贴家用。就这样，王连璧一家度过了对他们来说那个最寒冷的冬天。

村民张传德的儿子得了重病，生命垂危。焦裕禄知道后，赶紧带人上门了解情况。原来，孩子得病后，张传德夫妇曾带孩子去公社卫生院看过，可医生说孩子的病很重，卫生院条件差，难以作全面检查，要他们到县医院治疗，去晚了孩子就会有生命危险。两口子含泪把孩子抱回来，不知怎么办。焦裕禄说："大嫂，你不要难过，我们一定设法救活他。"他给县医院院长打电话，让他好好给这个孩子治病。他还写了一封信，让张传德带到县医院去。此后，焦裕禄还多次打电话，询问孩子的病情。经过 25 天的治疗，孩子康复了，张传德感激得不知说什么好。

诗人臧克家在《有的人》中写道："骑在人民头上的，人民把他摔垮；给人民作牛马的，人民永远记住他！"这脍炙人口的诗句，恰恰是焦裕禄一生的写照。他在各个岗位上，做了很多密切联系群众、真心关怀群众的事情。

焦裕禄的名字已经铭刻在群众的心里。当他去世的消息传出后，刘庚申一家悲痛万分，刘母更是哭了好几天。刘家吃饭的时候，刘母都要多摆一只碗和一双筷子。有时候她还不断地念叨："俺那二儿子裕禄还没回来呢！"张传德夫妇在悲痛之余，决定把儿子的名字改为"继焦"，让

焦裕禄（前排中）担任洛阳矿山机器厂一金工车间主任时，与工人们在车间合影　焦裕禄同志纪念馆／供图

焦裕禄到兰考之前，风沙几乎让这片土地寸草不生。图为兰考风沙灾害的景象　焦裕禄同志纪念馆 /
供图

兰考焦裕禄同志纪念馆　佚名 / 供图

他永远不忘焦裕禄的恩情。当年焦裕禄亲手栽下的那棵泡桐，被称为"焦桐"，现在已经长成参天大树。村民魏宪堂、魏善民父子每天早晨都带着扫帚、簸箕，在"焦桐"树下扫叶、浇水，守护"焦桐"达半个多世纪。魏善民说："等俺干不动了，就让俺三儿子来干，他也是党员，必须接好这个班。"他们纪念和守护的是焦裕禄，更是焦裕禄联系群众、关心群众的精神。

"在群众最困难的时候，
出现在群众的面前"

　　新年之际，我最牵挂的还是困难群众，他们吃得怎么样、住得怎么样，能不能过好新年、过好春节。我也了解，部分群众在就业、子女教育、就医、住房等方面还面临一些困难，不断解决好这些问题是党和政府义不容辞的责任。

——习近平

　　兰考濒临黄河，水患一直是悬在兰考人民头上的一把"达摩克利斯之剑"。1963 年 5 月 18 日深夜，一场暴雨从天而降，刹那间大雨倾盆，雨势之大，仿佛要把房屋都压倒。事后统计，这一夜的降雨量达 180 毫米。眼看就要收到手、吃到口的麦子，被浸泡在大水之中。

　　焦裕禄见雨势凶猛，赶紧披上雨衣，冲入雨幕。家里人不知道他要去做什么，想问的时候已经晚了。妻子和儿女们一直等焦裕禄回家，可

兰考焦裕禄纪念园革命烈士纪念碑上的"雨夜排涝"浮雕　聂鸣／供图

是左等不回右等也不回。妻子徐俊雅无奈，只得叫起大女儿，冒着瓢泼大雨去找。在天快亮的时候，娘俩才在火车站遇到焦裕禄，徐俊雅埋怨焦裕禄一个人出去。焦裕禄笑了笑说："雨下得这么大，我心里很着急，出来看一下县城里的积水能不能排出去，城关公社群众的住房不牢固，我去转一圈儿看看。不要担心，我这不是很好吗！"

焦裕禄整整转了一夜，察看各处灾情，思考救灾的办法。黎明时分，他找到县委办公室主任，让他通知县委常委们马上开会。在县委常委会上，焦裕禄讲了5条意见：

一、所有从事农村工作的干部，不论是县、社、大队和生产队的干部，都要全力以赴，领导带头，分片包干，迅速查明灾情，做到心中有数，采取紧急有效措施。教育群众，麦季丢、秋季捞，现在季令早，墒情好，盐碱地好捉苗。要正确认识形势，不要因为这场大雨悲观失望。要积极参加排水和救苗运动。

二、降雨量大，受灾严重的社、队在工作部署上以排水救灾为第一，社教运动暂时停下来。全党动手，全面动员，抓紧时机，不误农时，领导群众排除积水，抢救庄稼。雨量较小、积水不大的社、队，主要是迅速组织社员进行查苗补种，能补的补，能栽的栽，能改种的改种，力争种足，保证全苗。

三、迅速疏通排水沟，使自然渠道不堵塞，以排除现有积水，也为再降大雨做好准备。在排水中要上下游兼顾，小局服从大局。发现水利纠纷，领导要亲自前往，妥善解决，以利双方进行排水，要千方百计救出水淹庄稼。

四、对群众进行思想教育，稳定情绪，树立战胜灾害的决心和信心。

对群众的住房普遍进行安全检查，对塌房子的户，进行慰问并妥善安排。有危险的房子，动员居民搬出来，再适当安置。特别是对被砸伤的群众，要抓紧治疗，有什么困难，及时解决。

五、大雨给群众生活和牲口饲养都带来许多困难。凡是县、社、队现存的救济粮、款或各种物资，要迅速发下去，以解燃眉之急。

焦裕禄还提出，共产党员、干部和青年团员要以身作则，艰苦奋斗，奋发图强，和群众一道，排除积水，救出小麦和秋苗。

焦裕禄在大雨中思考出来的这5条意见，得到县委常委们的一致同意。县委决定，把这些意见立即通知下去，贯彻执行。

会后，焦裕禄率先垂范，卷起裤管，脱掉鞋袜，打起一把红油纸雨伞，带3位同志下乡了。县委其他领导也带着抽调出来的干部，分别赶赴受灾严重的公社、大队，指导救灾，慰问群众。焦裕禄一行越过陇海路，蹚着水赶往受灾严重的田庄、杜河庄、梁孙庄等地察看灾情。每到一个村庄，他都要先看先问群众的受灾情况，观察和了解当地干部、群

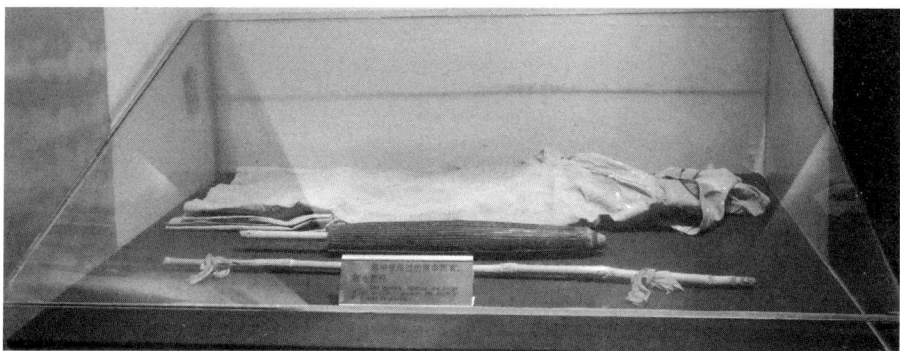

焦裕禄在兰考调查水情时穿过的雨衣、用过的雨伞和探查水情用的秫秸秆　焦裕禄同志纪念馆／供图

众在这场灾难中的情绪和想法。每到一股水流前，他都要看清来源，查清流向。他站在洪水激流中，请人为他撑开一把伞，画了一张又一张的洪水流向图。

当金营大队党支部书记李广志看到焦裕禄出现在眼前时，不禁有些吃惊，问道："一片汪洋大水，你是咋来的啊？"焦裕禄强打精神，晃了晃手中的秫秸秆说："就坐这条船来的。"焦裕禄顾不上休息，掏出自己绘制的水流草图，告诉李广志该在哪里开河，再从哪里挖沟，田中的积水应该流向哪里，才能排出去。李广志非常感动，劝焦裕禄休息一下，吃口热饭暖暖身子。焦裕禄摇摇头，说不想在这样的时候给群众添麻烦，只草草地啃了几口自带的干粮，就带着同志们走了。

当他们到王孙庄时，城关公社正在那里开防汛现场会。焦裕禄发现，有的同志情绪消沉，他鼓舞大家说："这场面，确实给我们带来不少困难，但我们共产党人是不怕困难的。现在可怕的不是灾害威胁，可怕的是干部在困难面前萎靡不振。"接着，他又十分严肃地说："咱们都是群众的带路人。在一个县，县委是全县群众的领导核心；在一个公社，公社党委就是全社群众的领导核心。现在，群众都在看着我们，越是在困难的关头，领导干部越是应该挺身而出，用咱们的勇气和信心，去鼓舞群众的斗志。"焦裕禄的话鼓舞了大家。在现场会上，大家纷纷提出抗灾办法。焦裕禄很高兴，对大家的发言进行了总结："麦季丢了秋季捞，农业丢了副业捞，洼地丢了岗地捞，地上丢了树上捞。只要我们领着干，事事依靠群众，'灾帽'一定能摘掉。"

大雨一直下了7天7夜，焦裕禄忧心如焚，带人一个村一个村地察看，指导救灾，鼓舞士气，发现问题，现场解决。他决定在地势较高的桂李寨排水，让城关公社书记孟庆凯带领7个大队的群众，挖了5条排

兰考位于黄河九曲的最后一道弯，自古以来是水患的重灾区。图为兰考黄河防洪工程概况图 焦裕禄同志纪念馆／供图

水沟，救出庄稼 2500 多亩；由于水灾，一些地方的村民外出以讨饭谋生，焦裕禄和其他县委领导同志商定，把县里仅有的 35 万斤统销粮和 5000 元救济款，以最快速度拨发到受灾最严重的公社、大队灾民手里；焦裕禄还及时把灾情向开封地委汇报，地委很快派来了救灾工作组，并拨发统销粮 330 万斤、救济款几十万元，以解兰考的燃眉之急。

5 月 23 日，焦裕禄让县委办公室收集全县救灾工作情况。数据表明，这时全县已排出积水的田地面积为 7.36 万亩，占水淹面积的 36%，占能排水面积的 92%；补种了大秋作物 1700 亩，修盖房子 1696 间，安置房屋倒塌的群众 1440 户。5 月 26 日上午，焦裕禄再次下乡，到爪营公社的姚寨、韩庄、坝头等险要地带和三义寨夹河滩等地检查堤防情况，教育沿河干部要注意险情，保护群众。

5 月 27 日，大雨终于停了，焦裕禄主持召开县委常委会，总结了几天来全县干部群众抗洪救灾的情况，并强调说："我们共产党人，把群众的吃、烧、住、疾病都要挂在心上，这是我们党的优良传统。越是在群众困难的时候，越要联系群众，解决群众迫切需要解决的问题。对塌房的、有病的、住院的群众要进行慰问，对生活确实有困难的要帮助解决，要加强粮食调运，民以食为天，克服一切困难，尽快把粮食调运下去，这是对业务部门每名共产党员和干部的严峻考验。下边的粮店，服务态度要改变一下，要发扬阶级友爱，学习雷锋精神。营业时间要延长，要从各方面体贴群众，方便群众。"

在连续几天的救灾活动中，焦裕禄既是指挥员，又是战斗员，出色地帮助群众减少了损失。5月30日，从外地急调的救灾粮运进兰考县，焦裕禄连夜召集粮食局、交通局的同志开会，研究调运方案。第二天，交通局组织8辆汽车、39辆马车和100辆架子车日夜搬运，焦裕禄多次亲临现场，坐镇指挥，仅用4天4夜的时间，就将284万斤粮食悉数送到各个公社，分到受灾群众手中。

粮食发下去后，群众生产自救的信心备受鼓舞。很多群众热泪盈眶，

焦裕禄在兰考工作时使用的电话 焦裕禄同志纪念馆/供图

今天的兰考县黄河湾风景区　中新图片/程越峰

感谢共产党、感谢毛主席。

1963 年的大水灾，是一次波及河南、河北等省份的特大水灾。但焦裕禄带领兰考人民，奇迹般地战胜了这次特大水灾。据统计，兰考县 1963 年粮食总产量达到了 8700 万斤，比 1962 年增长 37%；家畜、家禽的饲养量，比 1962 年增长 75%。特别是焦裕禄亲自领导的除"三害"工作，取得显著的成效，1962—1963 年，全县造林 21014 亩，育苗 773 亩，"四旁植树"（在路旁、沟旁、渠旁和宅旁植树）146 万株，打防风带 186 条，堵风口 83 处，开挖疏通主要河道 121 条、排水沟 3670 条，修建桥涵 34 座，改造盐碱地 4 万亩……

兰考水患，在历史上令多少人望而却步，然而共产党人焦裕禄做到了前人没能做到的事，这是为什么呢？因为他"心中有民"，能够"在群众最困难的时候，出现在群众的面前，在群众最需要帮助的时候，去关心群众，帮助群众"[1]。

---

[1] 穆青、冯健、周原：《县委书记的榜样——焦裕禄》，《人民日报》1966 年 2 月 7 日。

"为人民服务是具体的，不是抽象的"

要牢记我们党为人民谋幸福、为民族谋复兴的初心使命，始终坚守党全心全意为人民服务的根本宗旨，用心用情用力解决好群众"急难愁盼"问题，让群众有更多、更直接、更实在的获得感、幸福感、安全感。

——习近平

1962 年 12 月 6 日，焦裕禄到兰考上任时，正值隆冬，饱受灾害蹂躏的兰考大地呈现一片萧条景象：兰考县内的两条黄河故道，满眼是看不到边的黄沙；地上一片片内涝的洼窝，里面结着青色的冰凌；白茫茫的盐碱地上，枯草在寒风中抖动……

在焦裕禄到兰考前，开封地委领导给他介绍过兰考的严峻形势，告诉他兰考已经连续三年遭受严重的自然灾害，有的地方农业生产遭到毁灭性打击，粮食产量降到历史最低水平；36 万兰考人民，有 19 万灾民，

1962 年，焦裕禄临危受命到兰考县担任县委书记。图为兰考焦裕禄同志纪念馆"临危受命"展区 佚名 / 供图

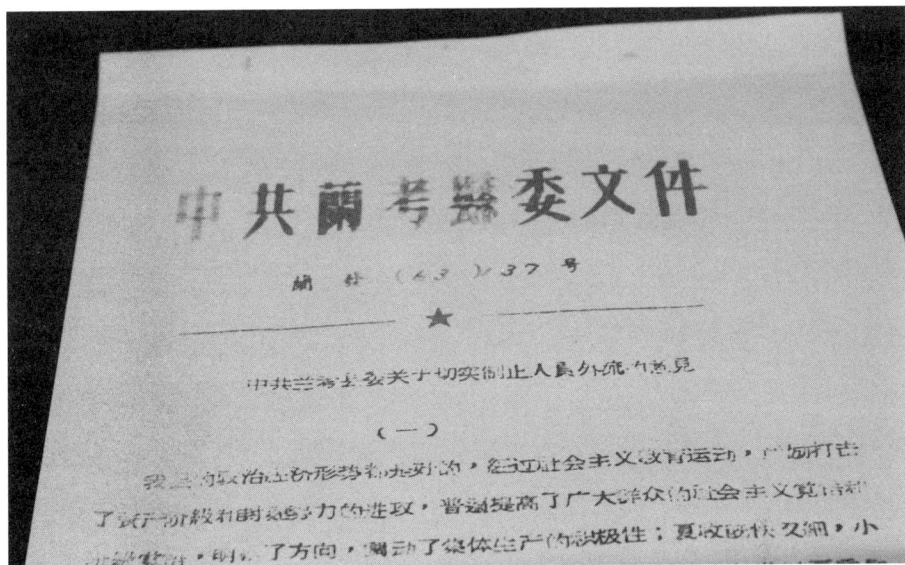

针对兰考人民被迫逃荒要饭的悲惨情形，1963年兰考县委出台《关于切实制止人员外流的意见》，它成为稳心安民的灵丹妙药　焦裕禄同志纪念馆／供图

超过一半的兰考人民受灾。虽然已有心理准备，可是，眼前的一幕仍然令焦裕禄感到震撼。他在思考：该怎样让兰考人民摆脱饥饿与贫困的困扰呢？

　　焦裕禄在报到的当晚，顾不上鞍马劳顿，直接参加了县委召开的情况汇报会。他在会上没有多说话，会议结束后，没有休息，而是亲笔修改会议总结报告。在报告上，他增添了5条意见，其中一条是"从生产入手（灾队从生产救灾入手），解决生产、生活上的突出问题"。

　　第二天，焦裕禄在县社村三级干部大会上讲了话。他讲了当前的政治、经济形势，以及巩固集体经济、发展农业生产的各项问题，还具体地安排了冬季生产和救灾工作。他强调说："对于灾区的住房、烧柴、疾病等问题，都要注意随时解决。对牛屋普遍进行一次检查，修补破房，堵塞风洞，增加保温设备。"

12月8日，焦裕禄在到任的第三天，就带着县委办公室干部到灾情严重的城关公社调研，他们和公社的同志一个村庄一个村庄地走，每到一个村庄，他都要问清村名的来历和现实情况。在有的地方，他说："这里可以栽上树，防风固沙。几年就是一片好绿林。"看到盐碱地，他说："想法治住它，把一片白变成一片青。"有时遇到大水坑，他说："这里可以种藕、养鱼。"回到县委，他对大家说："兰考是个大有作为的地方，问题是要干，要革命。"

从这一幕可以看出，焦裕禄下去调研，不仅仅是访贫问苦，解决群众迫在眉睫的困难，更是调查研究，了解实情，从本地实际情况出发，谋划兰考的发展蓝图。焦裕禄发现，兰考受灾的根源就是内涝、风沙、盐碱，只要能治住这"三害"，兰考人民就能翻身。焦裕禄提出，要根治"三害"，必须掂一掂它的分量。唯有经过调查研究，获取第一手资料，才能作出正确的判断和部署。在兰考的470多天里，兰考140多个大队中，焦裕禄去了120多个。

在焦裕禄的倡议下，县委成立了"三治"办公室（后来，"三治"办公室改为"除三害"办公室）。在焦裕禄的谋划下，兰考人民整治"三害"的战斗拉开了序幕。1963年7月，焦裕禄经过全面、深入的调查研究，主持制定了一份关于兰考未来发展的新蓝图——《关于治沙、治碱、治水三五年的初步设想（草案）》。

《关于治沙、治碱、治水三五年的初步设想（草案）》首先阐明了兰考面临"三害"的严峻形势，提出了党员干部的使命：

兰考县历年来的致命灾害是风沙、盐碱、内涝。兰考在一般年景下，

调查结果
风口 84 个
盐碱地 20 万亩
低洼易涝地 30 万亩
阻水工程 160 多处

风口　低洼易涝地　沙丘　盐碱地　水利工程

焦裕禄下乡调查的结果　焦裕禄同志纪念馆／供图

都有 20 万到 40 万亩庄稼受灾，有 10 万到 20 万亩庄稼有劳无获，有 20 万群众因灾缺粮，每年国家供应粮食不下 2000 万斤。国家供应我们这么多粮食，群众生活依然困难，眼下还有 1 万多人在外谋生。

我县有 36 万勤劳的人民，110 多万亩可耕土地，最适宜种植小麦、大豆、高粱、玉米、谷子、花生、红薯、棉花等农作物。河滩洼地宜种芦苇、蒲子，河岸、堤旁以及沙碱地均可造林、晒盐、熬碱，并盛产泡桐、杞柳，出口国外，换取外汇。但是，近几年来，每年收获都养活不了自己。要彻底改变兰考面貌，必须治沙、治碱、治水，这是发展农业生产的根本关键，是广大人民的迫切要求，也是我们义不容辞的光荣任务。

《关于治沙、治碱、治水三五年的初步设想（草案）》进一步阐述了治理"三害"的步骤和方法，指出必须坚决贯彻执行"造林防沙，排涝治碱"的方针和"全面勘察、统一规划、有计划有步骤地分期分级治理"的方法，对全县所有的沙、碱、内涝面积及其分布情况，对农作物的危害程度，都要全面地进行实地勘察，查清来龙去脉，以不同颜色编号显示。在情况明晰的基础上，分别作出治沙、治碱、治水的规划，并详细说明了治沙、治碱、治水的具体方法。

焦裕禄在修改这份《关于治沙、治碱、治水三五年的初步设想（草案）》时，特意加了一段话：

我们是全心全意为人民服务的，为人民服务是具体的，不是抽象的。兰考是我们光荣的工作岗位，我们对此处的一草一木必须产生深厚的感情，一定要把这个灾区的工作做好，不然我们是不甘心的。我们必须有革命的胆略，冲天的干劲，实事求是的工作作风，我们有决心领导全县人民苦战三五年，完成兰考农业生产上的革命！

　　焦裕禄认为，搞好除"三害"工作要把党的领导和群众路线结合起来。他说，这些工作既是专业工作、技术工作、经济工作，又是群众工作、政治工作，一定要有广大群众参加，没有群众参加不可能搞好。要把党的领导和群众路线结合起来，把政治挂帅和经济措施结合起来，要把群众眼前利益和长远利益结合起来，教育群众不要因为贪图眼前利益去破坏长远利益，只有这样才能办得好。

　　关于如何动员党员干部和群众参与除"三害"工作，焦裕禄提出建议，把《关于治沙、治碱、治水三五年的初步设想（草案）》印1000至1500份，发给党的支部书记以上的干部，每人一份，号召他们学习，并出谋献计，为此立功；以后，这份文件要在党代会、人代会、劳模会、干部会等各种会议上讲，也要作为党课、团课的辅导材料。同时，他还要求各公社、大队都要建立治沙、治碱、治水工作领导小组，以便加强这方面的工作。

　　《关于治沙、治碱、治水三五年的初步设想（草案）》上报后，得到了上级领导的高度重视，河南省委的几位领导先后到兰考视察工作，听取焦裕禄的汇报。河南省委第二书记何伟听完焦裕禄的汇报后说："焦裕禄同志，你们的除'三害'的设想很好，决心很大。我就是押袜子卖鞋，也支持你们！"

　　再美好的蓝图，也需要在执行中得到落实。焦裕禄在抓落实方面，表现出强大的执行力。在《关于治沙、治碱、治水三五年的初步设想（草案）》出台的同时，焦裕禄就从县里抽调干部和技术人员，组成一支勘察队，对全县沙荒、沙丘、风口的分布情况，展开了全面的勘察。这是一项艰苦的工作，焦裕禄带着干粮，挎着水壶，顶着烈日，呛着风沙，

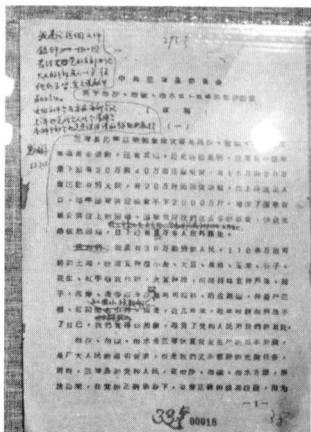

焦裕禄对兰考县委《关于治沙、治碱、治水三五年的初步设想（草稿）》的修改和批示意见　张庆民/供图

与大家一起跋涉。有时候，地表温度达到50摄氏度，但是这也抵挡不住焦裕禄改变兰考落后面貌的决心。

在张庄大队勘察时，焦裕禄有一个重要发现：社员魏铎彬母亲的坟头覆盖着一层一尺厚的胶泥。焦裕禄知道，胶泥在兰考大地的沙丘下，是取之不尽、用之不竭的。焦裕禄找到了这位用胶泥覆盖坟墓的孝子询问，从他的口中得知，这座坟墓已封掩了数年时间，无论刮起多大的风暴，都稳如泰山，不像那些沙丘会随着大风四处滚动。

焦裕禄受到启发：既然坟墓可以被胶泥封住，那么，比坟墓大的沙丘是不是也可以被胶泥封住呢？一个人用一个早上的时间，就可以封完一座坟，那么，以兰考几十万人的力量，用上几年时间，把沙丘用胶泥封住，再往上面栽上树，种上草，岂不就可以把一座座沙丘变成一片片绿洲了？他让人把这个发现记到了本子上，回去以后仔细研究，向全县推广。

在城关公社韩村生产队勘查时，焦裕禄和韩村的群众一起，制定了该村的除"三害"规划。韩村人按照规划，从别的地方

20 世纪 60 年代，焦裕禄带领兰考人民栽种的泡桐树林　焦裕禄同志纪念馆 / 供图

焦裕禄墓碑后面的屏风墙上镶有毛泽东题写的"为人民而死　虽死犹荣"，这是对焦裕禄一生为人民服务、无私奉献的生动概括和总结　佚名 / 供图

拉来胶泥，盖住了一个面积 3 亩大的沙丘；给 15 亩盐碱地盖上二三寸厚的淤土，把盐碱地改造成二合土；在 140 亩洼地里，挖了 9 条排水沟，1 条排水渠；在沙地里，造了 50 亩防风固沙林。

从 7 月到 11 月的 100 多天里，焦裕禄带着勘查队几乎跑遍了全县的各个大队，总行程达 2500 多公里，终于完成了对全县所有沙、碱、涝土地的面积、分布情况，以及对农作物危害程度的测量和勘查，掌握了大量第一手资料，摸清了兰考"三害"的底子和分量。

在此基础上，焦裕禄发动全县各级党组织和群众，制定符合当地情况的除"三害"规划：对该是哪一级办的，都绘出了分期分批治理的图样，包括一年计划、两年计划，乃至三五年计划；对每一级的计划，都由同级干部和群众讨论后，再报上级批准。这样，焦裕禄就把群众分散的、不系统的意见集中起来，加以整理，部署下去；再集中起来，再部署下去，在群众中不断循环，把设想变为现实。

"全心全意为人民服务"是党的根本宗旨，这不是口号，而是需要党员干部用自己的行动，把它落到实处。面对人民群众的问题和困难，不是畏首畏尾，而是敢干实干；不是纸上谈兵，而是埋头苦干；不是盲干蛮干，而是巧干会干。焦裕禄用自己的行动，为党员干部树立了榜样。

"带着阶级感情去领导群众"

　　贯彻党的群众路线，首先要对群众有感情，真正把自己当作群众的一员、把群众的事当作自己的事。

——习近平

　　焦裕禄在和群众打交道时，从来没有觉得自己是"官"，而是把自己当作群众的亲人，当作人民的勤务员。彭店的老乡们回忆说，焦裕禄在那里领导土改斗争时，在人前有"三不说话"：不笑不说话、不叫大爷大娘不说话、不叫哥嫂不说话。无论是年轻妇女，还是小孩，他看见总是大嫂、大姐、大妹子、哥哥、兄弟，叫起来特别亲切。这是青年焦裕禄留在群众心目中的形象。由此可见，他对群众的感情是何等深厚，与群众的关系是何等融洽！

　　焦裕禄在尉氏县大营区担任区长时，赵仲三是县委领导。两人在

1948 年秋相识，又长期共同工作，建立了深厚的友谊。赵仲三回忆说："风风雨雨 16 年，焦裕禄同志给我留下了永远难以忘却的回忆。"他记得，在领导土改时，焦裕禄都是在贫农家里吃饭，不论吃什么，他总是说"好吃，好吃"。有一次，焦裕禄带通讯员去贫农家吃饭，吃的是用花生皮、榆树皮和红薯梗子"混合面"做成的蒸饺，蒸饺里包的是红薯叶和萝卜馅。焦裕禄边吃边问身旁的通讯员："你吃着咋样？"通讯员说："俺吃着怪垫牙，不如白馍好吃。"焦裕禄却不以为然，他说："不，我觉得贫农家里的饭就是香！"如果不是对贫苦百姓有着深厚的感情，如果不是对革命充满乐观精神，焦裕禄怎么能说出这样的话来？

后来，随着岗位的变化、职务的提高，焦裕禄却始终坚守这份感情，保持这种优良作风。到兰考工作后，面对严峻的形势，面对兰考人民被迫背井离乡、逃荒要饭的情况，他的心情是沉重的。他说："党是叫我们带领 36 万兰考人民战胜灾荒的，而不是来送人民群众逃难的……"

1962 年 12 月中旬，焦裕禄到兰考才十几天，上级给兰考运来一批救灾物资。焦

焦裕禄在尉氏县大营区工作时的照片　焦裕禄同志纪念馆 / 供图

蜡像复原的当年兰考火车站灾民逃荒的情景　焦裕禄同志纪念馆 / 供图

裕禄听说后，叫上办公室的其他同志一起去火车站看看。到了那里，工人们正在站台上紧张地卸车，焦裕禄立刻招呼大家和工人们一起搬运物资。这时，他发现候车室里拥挤着不少穿国家救济棉衣的灾民。火车一到站，灾民们就往火车里挤。这是怎么回事儿？焦裕禄刚到兰考，还不清楚这里灾民外流的情况。

卸完车后，焦裕禄走进候车室，询问灾民的情况。有的灾民说："俺那麦苗被风沙打死了，每人只分几斤麦子。"有的灾民说："俺村庄稼被'碱死'了。"有的灾民说："俺队秋季遭水灾。"焦裕禄听后，眼含热泪，心情久久不能平静下来。

几天后的一个夜晚，焦裕禄通知所有县委委员开会。人到齐后，他带着大家直奔火车站。火车站的候车室里，还是挤得满满的灾民。焦裕禄走上前，一个个地询问他们是哪村的，要去哪里。有的灾民说要去外地讨饭，有的灾民说要去外地扛粮食。焦裕禄问了一圈，对同来的县委委员们说："同志们，这些人绝大多数是我们的阶级兄弟，是灾荒逼迫他们到外面去的。这不能怪他们，责任在我们身上。党把36万人民交给我们，我们没有能领导他们战胜灾荒，过安居乐业的生活，应该感到羞耻和痛心。"

县委的同志们听罢，都难过得低下了头。当晚，县委会议一直开到午夜时分。火车站一幕，让大家心情沉重。大家激动地表示：今后要齐心协力，带领群众改变兰考面貌，为党争光，为人民造福。

1963年12月19日，兰考下了一场大雪，北风呼啸、地冻天寒。当晚，县委办公室的李中修和几个同志在屋子里围着火炉取暖。这时，焦裕禄突然走进来，神色十分严肃地对大家说："这大风大雪天，我们在屋里有火烤，可是全县人民住得咋样？有没有棉衣？牲口咋样？"

不管狂风暴雨还是大雪拥门，焦裕禄心里最先想到的还是群众　焦裕禄同志纪念馆／供图

接着，焦裕禄要求大家立即通知各公社，做好6件工作：第一，所有农村干部必须深入到户，访贫问苦，安置无屋居住的人，发现断炊户，立即解决；第二，所有从事农村工作的同志，必须深入牛屋检查，照顾老弱病畜，保证不冻坏一头牲口；第三，安排好室内副业生产；第四，对参加运输的人畜，凡是被风雪隔在途中的，在哪个大队的范围，就由哪个大队提供食宿，保证吃得饱、住得暖；第五，教育全县党员，在大雪封门的时候，到群众中去，和他们同甘共苦；第六，要把检查执行的情况迅速报告县委。

仓促之间，李中修没找到笔，就借焦裕禄的钢笔把通知内容记录下来，然后，与同志们分头通知各公社落实。等李中修通知完毕，去焦裕禄办公室还笔时，见他在屋子里转来转去，一会儿坐下，一会儿站起来，朝外看看天，到深夜还没休息。

第二天天刚亮，焦裕禄就召集县委和有关科、局的人员召开紧急会议。人到齐后，焦裕禄神情激动而严肃地说："同志们，你们看，这场雪越下越大，会给群众带来许多困难，在这大雪拥门的时候，我们不能坐在办公室里烤火，应该到群众中间去。共产党员应该在群众最困难的时候，出现在群众的面前，在群众最需要帮助的时候，去关心群众，帮助群众。"

稍停了一会，他又接着说："昨晚，我把毛主席《关心群众生活，注意工作方法》这篇文章，读了十几遍。你们想想，共产党员多么应该在这大风雪里，把党的温暖和关怀送到群众家里，给群众办几件事……"

焦裕禄用短短几句话，就把大家动员起来了。然后，他把与会同志分成 4 个小组，每个小组由一位县委领导率领，分别带着救济粮、款，踏着满地大雪出发了。焦裕禄带着一组人，先到火车站看望那里的灾民，随后直奔受大雪影响比较严重的村子。

在城关公社高照头村，焦裕禄一行先去了军属靳大娘家。靳大娘的丈夫去世后，留下 4 个孩子，大儿子参军去了。听说县委领导来了，靳大娘激动地迎了出来，却不小心摔倒了。焦裕禄急忙上前把她扶起来，说："我们是县委派来看望军属的。"靳大娘要去给大家烧水，焦裕禄赶忙拦住她，拉着她的手嘘寒问暖。最后，焦裕禄和同志们商量，救济她家 25 斤统销粮、20 元现金。靳大娘感动地说："俺家不算最穷，把粮款给别人吧。俺要写信把今天的事告诉参军的儿子，叫他在部队好好干，听党的话。"村民张宏卫家已经断炊了，几个孩子都饿得走不动路了。焦裕禄看到后非常难过，一再安慰张宏卫说："现在生活困难是暂时的，共产党会领导我们过上好日子的。"焦裕禄还了解到，村民伊凤梅家刚生了孩子，生活比较困难，就让随行的李中修给她送去 20 斤粮食、15 元钱。

焦裕禄时刻想着人民群众，爱护人民群众，关心人民群众，热情帮助人民群众解决具体困难，始终和广大人民群众保持密切联系，是兰考人民群众的贴心人。图为焦裕禄同志纪念馆内反映焦裕禄事迹的绘画作品　聂鸣／供图

离开高照头村，焦裕禄一行去了梁孙庄。村子里有位叫梁俊才的老人，老伴双目失明，他卧病在床。焦裕禄一进屋，得知老人生病后，就赶紧上前问候："有没有生活困难？"梁俊才不认识焦裕禄，就问他是谁。焦裕禄回答说："我是您的儿子。"老人又问："大雪天你来干啥啊？"焦裕禄说："毛主席叫我来看您老人家。"梁俊才眼里含着泪说："解放前，大雪封门，地主来逼债，撵得我蹲人家的房檐。今天，共产党、毛主席这样关心我们，我……"老人再也说不下去了。焦裕禄安慰他说："现在是共产党领导，今后咱受灾受穷的面貌一定能改过来。"梁俊才的老伴感动得不知说什么，只是说："孩子啊，俺看不见你，你过来叫俺摸摸。"焦裕禄凑过去，老大娘用颤抖的手上上下下摸着他。临走时，焦裕禄让人给两位老人留下了一些白面票和钱，并叮嘱大队干部常来看他们。

整整一天时间，焦裕禄一行顶着寒风，踏着积雪，跑了几十里路，走访了9个村子、几十户困难群众，直到天黑才回到县里。那时候，焦裕禄的肝病已经很严重了，他是忍着病痛下乡的。焦裕禄想多跑一些地方，多照顾一些困难群众，所以他们没吃群众一口饭，没烤群众一把火，没喝群众一口水，硬是饿着肚子做完了访贫问苦、救济群众的工作。

毛泽东说："我们这个队伍完全是为着解放人民的，是彻底地为人民的利益工作的。"如果没有对人民群众的深厚感情，要做到这一点是不可能的。焦裕禄的一生，始终深深热爱着广大群众，体现在他的行为上，就是党和人民的鱼水深情，就是为民爱民亲民的作风。

"这样不是照顾我，是让我脱离群众"

江山就是人民，人民就是江山，打江山、守江山守的是人民的心，就是要告诫全党同志，对我们这样一个长期执政的党而言，没有比忘记初心使命、脱离群众更大的危险。

——习近平

如果非要说焦裕禄有什么"忌讳"，大概要算"脱离群众"4个字了。在入党后的十几年中，焦裕禄几乎每天都和群众在一起；在担任领导干部后，更是把群众的疾苦冷暖放在心上，时时刻刻想着怎样为群众谋福利，怎样为群众服务好。无论在工作上还是在生活中，他不仅严格自律，自觉遵守群众纪律，还严格要求家人，不让他们靠自己的权力"沾一点光"。作为领导干部，他不需要任何"特殊照顾"，也严禁家人接受"特殊照顾"。

1950 年 6 月，时任青年团尉氏县委副书记的焦裕禄到团省委举办的训练班学习，任陈留专区一小队队长，队里有一位来自开封新城区的团干部殷克敬。焦裕禄待人热情，平易近人，很快和殷克敬建立友谊。在焦裕禄的帮助下，殷克敬学习成绩提高得很快。在训练班结业时，焦裕禄建议殷克敬回尉氏县工作，殷克敬答应了。回到尉氏县，焦裕禄被任命为大营区区长兼区委副书记，带一支小分队到门楼任村领导土地改革，殷克敬也在这支队伍里。

在门楼任村，殷克敬和焦裕禄同吃同住 8 个多月，几乎形影不离。在此期间，焦裕禄和群众水乳交融的关系，给殷克敬留下深刻印象。焦裕禄以前在大营区工作过，交了许多农民朋友。当焦裕禄一行到村口的时候，不少老乡主动到村口迎接。焦裕禄一行人一到，一位农会会员就指着他喊："看啊！老仙头（方言，意思是为穷人打天下的头儿）焦政委又来啦。"焦裕禄笑着和大家一一握手打招呼，就像久别的亲人一样。

殷克敬跟焦裕禄走村串户，访贫问苦，发动群众，召集群众大会。在焦裕禄的帮助下，殷克敬进步很快。1951 年 4 月，焦裕禄作为入党介绍人之一，介绍殷克敬加入中国共产党。殷克敬后来回忆说："跟随焦裕禄同志工作，我感到格外的温暖。他手把手地教我学习和工作，教我如何做人。他常对我说：'作为一个党领导下的干部，要吃苦在前，享受在后，公而忘私。要时时刻刻关心群众的疾苦，一刻也不能脱离群众……'"焦裕禄的叮咛，让他终生难忘。

焦裕禄在洛阳矿山机器厂工作时，他的妻子徐俊雅在一金工车间做统计、收发等工作，也很忙碌。那时候，焦裕禄孩子多、家务重，徐俊雅原本身体就不好，经常累得两腿浮肿，几乎不能走路。一金工车间团支部书记李靖涛知道她的难处后，就建议她让焦裕禄去找周锡禄书记说

1950 年 10 月 21 日，焦裕禄（前排右一）在省团校毕业留影。同年冬调任青年团尉氏县工委副书记　焦裕禄同志纪念馆 / 供图

1951年5月4日，焦裕禄（三排左一）出席河南省首届团代会时与陈留专区代表团的代表们合影
焦裕禄同志纪念馆／供图

1962 年 6 月，焦裕禄调任尉氏县委副书记。图为当时 40 岁的焦裕禄　焦裕禄同志纪念馆 / 供图

说，调换个轻一些的工作。徐俊雅说："我才不敢说哩！老焦的脾气你不知道吗？我让他为个人的事说情，他就会发脾气呢！"

李靖涛见徐俊雅自己不愿说，就找了个机会，自己去和焦裕禄说。焦裕禄听完后说："老李，那不行。我们不能向组织张口提要求啊！个人的事情由组织决定安排，哪能向组织要求干什么或不干什么呢？"接着，焦裕禄给李靖涛讲了一个感人的故事：新中国成立前夕，毛主席家乡的亲戚朋友纷纷给他写信，要求推荐自己参加工作。毛主席说：别人的亲属可以来，我的家属不能来。表哥文运昌帮助过青年时代的毛主席，也写信要求毛主席给自己介绍工作。毛主席回信说："运昌兄的工作，不宜由我推荐，宜由他自己在人民中有所表现，取得信任，便有机会参加工作。"毛主席对秘书说，我们共产党的章法，决不能像蒋介石他们那样搞裙带关系，一个人当了官，沾亲带故的人都可以升官发财。如果那样下去，就会脱离群众，就会和蒋介石一样早晚要垮台。

焦裕禄说，毛主席给我们树立了风范，我们更没有理由为自己的亲属向组织提出

焦裕禄和妻子徐俊雅合影　焦裕禄同志纪念馆 / 供图

任何要求了。权力是人民给的，没有理由把人民交给自己的权力为亲友捞取好处。说完，焦裕禄还再三嘱咐李靖涛，徐俊雅的工作千万不要跟周锡禄书记讲，否则会脱离群众的。

1962年6月，焦裕禄从工厂调回尉氏县，担任县委副书记。一次，他带领县工作组到庄头区检查工作。一天早晨，他们到了于家村，正赶上早饭时间。在下乡之前，焦裕禄就多次叮嘱大家一定不要脱离群众。当时正是困难时期，他们一到村，焦裕禄就要求"吃派饭"——就是到老百姓家里，和老百姓吃一样的饭，然后把饭费给老百姓。他们等了半个多小时后，村干部把他们领到一个大院里，送上一大筐热气腾腾的白面馒头和四碗菜。

焦裕禄一看，就对工作组的同志说："咱是从县里来的，这饭不能吃。"其他同志明白，焦裕禄的意思是干部不能搞特殊，不能脱离群众，于是第二次向村干部提出去"吃派饭"。村干部有些不解：有现成的饭你们不吃，为啥又叫"派饭"？于是，他就向焦裕禄等人解释说："这是给机耕队的同志做的饭，一块吃不省事吗？群众都吃罢了，还往哪里派饭哩？您先吃这一顿，下顿再说吧！"说完转身走了。

尽管这样，焦裕禄还是坚决不吃。在同行的同志中，有人熟悉这个村子，就带着焦裕禄等人，到村民家里吃了点红薯，解决了"吃派饭"问题。事后，焦裕禄把这件事告诉了庄头区区委书记高峰，并对县委办公室小董说："下乡工作不在群众家吃饭，哪能与群众打成一片？一顿饭是小事，脱离群众问题就大了。县委书记下乡吃特殊饭，区、社干部吃特殊饭不就更有理由了？还是吃贫下中农的饭有滋味。"焦裕禄离开庄头区前，又专门叮嘱高峰说："老高，干部下乡生活上可要注意，不要认为是小事情，它影响着党和政府在群众中的威信。生活困难时期，群众吃不饱肚子，干部生活搞特殊，那可是脱离群众。当干部不但工作上处处做群众的表率，生活作风上也要作出榜样。"

1963 年春天，焦裕禄要去开封地委开会。那天还没出门，正遇上回家吃午饭的火车站主任徐福有。两人打过招呼后，徐福有知道焦裕禄要乘火车去开封，他就想：火车上那么挤，焦书记身体不好，得想法给找个座位。于是，他跟着焦裕禄返回车站。火车一到站，徐福有就找列车长说了一下情况。列车长听后，马上给焦裕禄单独安置了一个座位。

焦裕禄见列车长要给自己单独安排座位，忙对徐福有说："老徐，这可不中啊！你看有这么多人上车，不一定都能有座位，我要是上车单找座位，这不是高人一等吗？"徐福有还以为他只是客气客气，就说："不要紧的，走吧！"这时，焦裕禄表情严肃地说："不行！这样不是照顾我，是让我脱离群众啊！"

说话间，旅客差不多都上车了。焦裕禄对徐福有满怀歉意地说了一声"我不去啦"，也挤上了车。车上人很多，焦裕禄挤不进去，只好斜着身子站在车门处，微笑着向徐福有招手说："回去吧！再见！"类似的事情，火车站的其他职工也碰到过，所以大家都知道，要在火车上给焦书记单独的照顾，他是无论如何都不会接受的。

1964 年春节前夕，焦裕禄和妻子带着 6 个孩子要回老家探亲，事前县委有位同志告诉徐福有，让他给焦书记一家"安排一下"，徐福有只能摇摇头。不过，当他看到焦裕禄一家人冒雪等车时，还是对焦裕禄说："孩子小，上车爱睡觉，大人不要安排，总该给孩子安排个座位吧。"焦裕禄拒绝了，他说："为什么非得给小孩找个座？咱的小孩头上也没长出个花来，还不是跟人家的小孩一样。如果那样，不是爱护他们，是害了他们。"

焦裕禄亲民爱民，把自己当成群众的儿子。图为中国共产党历史展览馆"焦裕禄精神"展区　中新图片 / 杜建坡

共产党人应该是什么样的？毛泽东说："共产党员是一种特别的人，他们完全不谋私利，而只为民族与人民求福利。他们生根于人民之中，他们是人民的儿子，又是人民的教师，他们每时每刻地总是警戒着不要脱离群众，他们不论遇着何事，总是以群众的利益为考虑问题的出发点，因此他们就能获得广大人民群众的衷心拥护，这就是他们的事业必然获得胜利的根据。"[1] 焦裕禄熟读毛泽东著作，时刻以毛泽东思想为指针指引自己的言行，始终保持着对人民群众的真挚感情，保持着同人民群众的血肉联系，这是焦裕禄精神给我们的重要启迪。

---

[1]《毛泽东文集》第三卷，人民出版社 1996 年版，第 47 页。

第二章　艰苦奋斗

"越是有困难，越要有雄心壮志"

我们学习和弘扬焦裕禄精神，就要像焦裕禄同志那样，在任何时候、任何情况下都自觉践行艰苦创业、厉行节约、勤俭办事的优良作风，发扬自强不息、与时俱进、开拓创新的时代精神，保持不畏困难、坚忍不拔、奋发有为的精神状态，为推进党和人民的事业努力奋斗。

——习近平

1953年，党中央提出逐步实现国家的社会主义工业化，逐步实现国家对农业、对手工业和对资本主义工商业的社会主义改造的过渡时期总路线，我国开始实施以"一五"计划为中心的大规模经济建设。然而，新中国的工业基础十分薄弱，缺资金、缺技术、特别缺干部，是普遍存在的问题。为了解决这个矛盾，党中央决定抽调大批干部到工业战线工作，把他们锻炼成为胜任工业建设工作的骨干。焦裕禄就是被抽调到工

1953 年 6 月，在全国"一五"计划实施的大背景下，焦裕禄调到洛阳矿山机器厂工作，成为工业战线上的一名新兵。这是他在矿山机器厂时的照片　焦裕禄同志纪念馆 / 供图

业系统工作的基层干部之一。

1953 年夏，焦裕禄离开原来熟悉的岗位，到筹建中的洛阳矿山机器厂（当时还是"洛阳矿山机械厂筹备处"）工作，先担任筹备处资料办公室秘书组副组长，后又担任基建工程科副科长兼团总支书记。

对焦裕禄来说，搞工业建设是一个崭新的课题，比他熟悉的农村工作复杂得多。当时有人议论说，他们建设工厂是外行，难以建起现代化大工厂。焦裕禄听到过不少这样的议论，他回答说："拉牛尾巴是一门学问，搞工业照样也是一门学问，天下没有学不会的技术。"

焦裕禄刚到工厂报到时，看到的不是厂房、机器，而是一片广阔的原野。工厂正处在筹建阶段，厂址选在洛阳城区 40 里外的涧西，焦裕禄就是这座工厂的第一批建设者。

焦裕禄进厂后接受的第一个重要任务是担任修路指挥长，主持修建一条由洛阳老城区通往厂区工地的临时公路。修路是焦裕禄改变岗位后面临的第一个挑战。起初，他连图纸都看不懂。可是，这难不倒焦裕禄，他鼓励一起工作的同志："在农村工作我们让土地出粮食，现在我们要让土地出机器！"修建这条临时公路，要架桥、挖防洪沟。那么，路要多宽、桥要多高、沟要多深？这些都是焦裕禄必须考虑到的。为了解决这些问题，他到沿路的农村做调查研究，请教当地有经验的农民，以便弄清当地的地质特点。他跟着工程技术人员，扛着标尺，冒着风沙，亲自参加勘测工作。在很短的时间内，焦裕禄不仅看懂了图纸，而且对一些建筑设计提出了自己的合理意见。

焦裕禄有一个习惯，就是不论在什么岗位上，都不脱离第一线的体力劳动。在农村时，他经常下乡帮助农民劳动。进入工厂后，他的这个习惯也带了过来。临时公路开工以后，焦裕禄就把铺盖卷带到了工地上，和工人们同吃同住。他还拿起了熟悉的铁锨、钢钎，与全体修路工人一起，面对沙石背朝天，铺石、垫土、挖沟、建桥。看到指挥长这样，工人们自然非常钦佩，始终保持着十足的干劲。

焦裕禄在参加劳动之外，还特别关心工人生活。修路是重体力劳动，他作为指挥长，必须保证工人吃饱、吃好。在夏季的烈日下，有的工人由于拼命劳作而中了暑，焦裕禄亲自安排他们休息、治疗、送水，还专门请食堂为他们做了"病号饭"。为了克服困难，他根据客观情况的变化，制订了新的作息时间，加强了防暑降温措施。他不顾疲劳，帮助工人打扫住所，号召大家改善卫生环境，达到预防疾病的目的。工人们都觉得这位焦指挥长平易近人、和蔼可亲、关心工人，是大家的知心人。在工作条件比较差、技术力量比较薄弱、工人们劳动强度大的情况下，焦裕禄仍然能够保证月月完成任务，有时候还能超额完成，其中一个重要的原因，便是他领导有方。

修路的过程中，也经常出现一些难题，焦裕禄都会想办法克服。一

在洛阳矿山机器厂工作时，焦裕禄（右二）在和其他干部一起学习工业管理知识　焦裕禄同志纪念馆／供图

次，涧东通向涧西的一座浮桥建成，大家正准备转向新的工作任务的时候，突然下起滂沱大雨，一连几个小时都没有停。焦裕禄非常着急，他叫上工人和干部，冒着大雨勘查了浮桥现场，与干部、工人一道，从涧河里把被冲垮的木板捞上来。

刚刚建成的浮桥被冲毁了，大家的情绪都不高。回到工棚后，焦裕禄为了活跃气氛、鼓舞斗志，提议大家唱唱歌，但大家都没有反应。焦裕禄见此情形，就给大家讲了一个电影故事。电影的名字叫《胜利重逢》，讲的是农民参军打反动派的故事。焦裕禄讲得有声有色。讲完后，他问大家：你们知道这个故事发生在哪儿吗？我听说，就发生在我们南边的七里河桥头。当时桥东头是国民党的军队，桥西头是解放军。我军要解放洛阳，敌军垂死挣扎，顽固抵抗，战斗打得非常激烈，不少解放军战士光荣牺牲了。

说到这里，有个青年工人问："焦指挥长，你说的是解放洛阳的真实

为了更好地适应新的工作岗位，焦裕禄曾在大连起重机厂实习。图为 1956 年焦裕禄（前排左三）与该厂同事合影　焦裕禄同志纪念馆／供图

故事还是讲的电影拍摄场面？"这一问，大家都笑了。焦裕禄说：对对对，我讲的是拍电影。不过，解放洛阳时，敌我双方为了争夺这座大桥，确实有不少解放军战士牺牲了，战斗中心就在咱们这块地方。他接着说，无论是战争年代，还是和平建设时期，桥对我们都是非常重要的。现在，为了解决临时物资运输困难，我们特意架起了这座浮桥。可惜的是，浮桥被雨水冲坏了，我们要重新把它建起来。不仅如此，明天我们还要在这个地方建起一座更坚固、更漂亮的大桥。

焦裕禄说得那样坚定、自信，使在场的同志们听了都很受鼓舞。在焦裕禄的带领下，经过 3 个月的奋战，公路终于全线贯通了。工人们敲锣打鼓，扭着秧歌，庆祝公路的贯通。一台台设备通过这条新修的公路，从洛阳城运往厂区，一座现代化的大工厂在这里拔地而起。

焦裕禄常说："干革命工作嘛，总会有困难的。越是有困难，越要有雄心壮志。"从 1953 年到 1962 年，焦裕禄在洛阳矿山机器厂前后工作了 9 年（其间有两年去东北学习和实习），逐渐成长为一个懂技术、会管理的工业干部，这和他始终保持艰苦奋斗的优良作风有很大关系。

1958 年，洛阳矿山机器厂一金工车间承担试制我国第一台 2.5 米大型卷扬机的任务。作为车间主任，焦裕禄把全部心血都倾注在这项工作上。他认为，只要大家齐心协力，充满信心，再大的困难也能克服。为了完成好这项艰巨的任务，焦裕禄 100 多天没有回家，吃住都在厂里。每天晚上他都准时主持召开 30 分钟至 1 小时的生产例会：一是总结当天的情况；二是部署第二天的生产任务。会议结束，夜已很深了，车间干部们有的在车间找地方休息，唯有焦裕禄的办公室还亮着灯。

那时候，虽然焦裕禄每天的工作都排得满满的，但他仍然见缝插针地学习有关技术知识。他花费了十几个晚上，将卷扬机上的关键零件、

1953 年 5 月，焦裕禄（前排左二）从青年团郑州地委第二书记任上调往洛阳矿山机器厂。这是他临走前与同志们的合影　焦裕禄同志纪念馆 / 供图

1958 年，焦裕禄带领工人连续作战，最终只用 3 个月就试制成功了我国首台直径 2.5 米卷扬机。
图为河南省洛阳市中信重工展示的焦裕禄等人研制成功的卷扬机　中新图片 / 潘炳郁

加工方法、所用工具，一一画在笔记本上，作上记号，并在旁边附上密密麻麻的说明。他带着这个笔记本，到毛坯库去查，到热加工车间去对，到机床边去看。他和技术人员、老工人们一道，采用"解剖麻雀"的方法，把整台机器的上千个零件，从图纸资料、工艺规程到工具准备、材料准备、外协作件准备，一件一件地进行熟悉，连一个小螺丝钉都不放过。

对于车间出现的棘手问题，他总是身体力行地研究解决。工人们说："车间哪儿出现问题，哪儿发生困难，老焦一定会在那儿。"同志们见焦裕禄眼熬红了，脸累瘦了，还常背过身去吐口水，就劝他去休息。他总是乐呵呵地说："我和大家在一起干活，感到有使不完的劲！"在焦裕禄的指挥下，一金工车间只用了 3 个月的时间，就试制成功了我国第一台 2.5 米卷扬机，其速度之快令苏联专家拍案称奇。这台卷扬机在我国机械制造史上写下了光辉的篇章，载入了 20 世纪 90 年代出版的洛阳矿山机器厂的厂史。

"世界上最大的幸福莫过于为人民幸福而奋斗。"[1] 焦裕禄在艰苦的环境中做到了这一点。无论是领导土改、工业建设，还是到尉氏、兰考担任县委领导，焦裕禄工作过的岗位没有一个是轻轻松松的。面对客观存在的困难，他的选择从来都不是畏缩逃避，而是斗志昂扬，从而在不同的岗位上战胜了一个又一个困难。

---

① 习近平：《在二〇二二年春节团拜会上的讲话》，《人民日报》2022 年 1 月 31 日。

"要有为社会主义建设
节约一分钱的精神"

节俭朴素，力戒奢靡，是我们党的传家宝。现在，我们生活条件好了，但艰苦奋斗的精神一点都不能少，必须坚持以俭修身、以俭兴业，坚持厉行节约、勤俭办一切事情。

——习近平

　　勤俭节约、反对浪费是中华民族的传统美德，也是我们党的优良传统和作风。社会主义革命和建设时期，党和政府多次提倡节约的方针。1957年2月，毛泽东在最高国务会议第十一次（扩大）会议上专门阐述了节约问题，他指出："要使我国富强起来，需要几十年艰苦奋斗的时间，其中包括执行厉行节约、反对浪费这样一个勤俭建国的方针。"[①] 焦裕禄

---

①《毛泽东文集》第七卷，人民出版社1999年版，第240页。

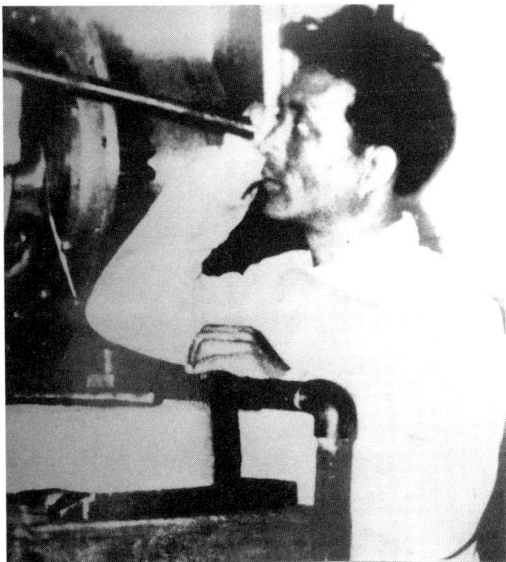

焦裕禄在车间检修机器　焦裕禄同志纪念馆/供图

是这条方针不折不扣的践行者，勤俭节约、艰苦创业成为焦裕禄精神的重要组成部分。

焦裕禄在洛阳矿山机器厂工作时的同事、好友李靖涛记得，焦裕禄有句口头禅，就是"要有为社会主义建设节约一分钱的精神"。焦裕禄亲身践行这句话的场面，给李靖涛留下了深刻印象。

1957 年冬，北风呼啸，寒气逼人。焦裕禄和李靖涛从生产车间走出来，刚走不远，焦裕禄看到一条小水沟边露出一个圆钢头。他马上弯下身，用心地在泥里抠，双手沾满了泥浆，抠了很长时间也没有抠出来。李靖涛不解地问："焦主任，您这是干什么？"焦裕禄风趣地回答说："这里有宝。"李靖涛感到有些惊奇，就问："什么宝啊？"焦裕禄说："你看，这里埋着一根多么好的圆钢呀！"

焦裕禄说着，又使劲地摇晃起来。因他的手上沾满泥水，手握着圆

焦裕禄工作过的一金工车间　焦裕禄同志纪念馆／供图

钢就有些打滑。焦裕禄猛一使劲，摔了个跟头，一屁股坐在泥地上。李靖涛见拔不出来就说："算了吧！不要拔了。"但焦裕禄不肯放弃，他让李靖涛去找个砖头，用砖头左敲敲、右敲敲，泥土里的圆钢终于松动了。焦裕禄又使劲去拔，费了很大的力气才拔出来，但他也累得满头大汗。

那是一块约有两尺长、直径一寸的圆钢。焦裕禄拿着它，高兴地对李靖涛说："你看，这是多么好的圆钢啊！可以车个大螺杆，让它埋在泥土里多么可惜啊！搞社会主义建设应该时时刻刻不忘为国家节约，节约每一分钱是我们的责任。"说完，焦裕禄全然不顾身上的泥水，拿着圆钢回车间去了。见此情景，李靖涛感动得说不出话来。

发生在焦裕禄身上的这类场景，在工人中是出了名的。一金工车间工人郭玉慧回忆说，焦主任十分注意勤俭节约，能回收利用的，连颗钉子也不浪费。她记得，那时候设备外面的包装箱上有许多钉子，焦裕禄总是带领工人们，把钉子一个一个地拔下来，存放在一块儿，以备后用。

焦裕禄勤俭节约的优良作风，不仅体现在日常的点滴上，在工作中也发挥着巨大的作用。焦裕禄在主持修建临时公路时，经常和工程技术人员、工人一起，想方设法，改进工艺，革新设备，提高工程质量，节约开支。靠着他的聪明才智和苦干加巧干，常常能带领大家创造性地工作。

按照最初拟定的设计方案，临时公路的底层要铺 15 厘米厚的石子，面层要铺 12 厘米厚的石子。焦裕禄亲自调查研究之后，经过反复思考，与技术人员商量："我们修建的是一条临时公路，只在建厂初期使用，一两年后就不用了。是不是可以把路面的厚度减薄一些？要知道，光修这一条公路的费用，就相当于几个县一年所交的公粮啊！"

在场的几位同志都被焦裕禄勤俭节约的精神感动了，工程技术人员

焦裕禄用过的被褥和穿过的衣服上面满是补丁　焦裕禄同志纪念馆 / 供图

重新进行了测算和勘查，认为焦裕禄的意见是合理的，决定予以采纳，把路面的厚度减薄一些。仅仅这一项改动，就为国家节约了 10 万元的建设资金。20 世纪 50 年代的 10 万元，可不是一个小数目啊！

焦裕禄对铺张浪费深恶痛绝，并时刻保持高度警惕。1963 年春节前夕，他在为兰考县委起草的《关于鼓足干劲，搞好生产，做好工作，勤俭过春节，防止浪费的通知》中指出，兰考是个灾区，面临许多困难，过节必须坚持勤俭建国，勤俭持家，勤俭办一切事情的方针。不论集体或个人，不要浪费一分钱，不该办的事一定不办。同年 4 月，焦裕禄又亲笔起草了《中共兰考县委要求全体共产党员坚定地树立社会主义的新风尚》的文件，提出了对全县党员的八条要求，其中明确提出"共产党员必须以勤俭节约为荣，以铺张浪费为耻"。

焦裕禄说到做到，要求其他同志做到的，自己一定会先做到。他不仅在生活上艰苦朴素、严格自律，在工作中更是时时处处防止出现各种浪费的情形，一旦发现就立即纠正。

1963 年初，国家救济兰考灾区人民的物资源源而来，兰考火车站出现了"卸不下，搬不出"的尴尬情形。站长李景春十分焦急，只好直接到兰考县委找焦裕禄汇报情况。焦裕禄听完汇报后，决定亲自到现场看一看。

焦裕禄到了车站，先看了卸煤的情况。当他看到一辆辆架子车向外搬运煤时，叮嘱李景春说："咱县有灾，别的县也有灾，这些煤是党和政府调拨来救灾的，来之不易，可要教育职工千万不要浪费。"到了站台上，他们看到工人们正在卸干菜、高粱，焦裕禄又叮嘱说："这都是咱的命根子，比金子还贵重，一定要告诉职工爱护，一粒粮、一片干菜也不能浪费。"到第二站台时，焦裕禄看见站台上散落着一大摊红薯干，急忙弯下身去，一片一片地拾了起来。李景春在一旁见了深受感动，也深感自己的工作没有做好。因此，他下保证说："焦裕禄同志，您不必亲自拣了，我们一定把这些红薯干拣得干干净净。"

焦裕禄亲自察看了现场后，立即安排县里有关部门组织了 400 多人，和工人们一起卸货，很快解决了车站货物堵塞的问题。因为卸货及时快速、指挥得当，这些救灾物资不仅没有浪费，还迅速被转运到各公社，发放到灾民手中。

焦裕禄经常下乡调研，有时见到乡亲们在地里忙活，就主动下去帮大家干活儿。1963 年秋，焦裕禄来到堌阳公社牛场村调研，见村里的群众正在收红薯，就放下自行车参加劳动，一会儿就收完了一分地的红薯。上秤一称，是 265 斤，合计亩产 2650 斤，焦裕禄心里有数了。

收红薯时，焦裕禄发现牛场村第 12 生产队收过的红薯地里，还有一些红薯落下了。他就到那块地里复收，一会儿就在一分地里收获了 40 斤红薯。焦裕禄对生产队的人说："你们好好算一算，一分地丢掉 40 斤，你们种了 71 亩，就丢掉 28400 斤，每人平均 180 斤，丢在地下实在是太可惜了。"当晚，焦裕禄在这个生产队召开了老党员和老贫农座谈会，让大家一起讨论怎么办。大家都说，要把丢在地下的红薯全部刨出来。

焦裕禄意识到，红薯收不干净不会是一个生产队存在的问题。第二天，他又到李场、卞寨、宋营、秦寨等生产队检查，果然也发现了红薯收不净的问题。焦裕禄问一位随行的公社副书记："你这个公社红薯收成怎么样？"那位副书记回答说："俺们今年种的是胜利 100 号，优良品种，秧小、红薯块大，每亩合 2000 斤左右。"焦裕禄又问："丰产了，那丰收没有？"

那位副书记回答不上来了。焦裕禄耐心地对在场的干部说："红薯丰产了并不等于丰收。我看你们几个村，刨过的红薯地里丢失严重。牛场的一分地复收 40 斤，梁场、卞寨、李场也是同样的情况。你们仔细算一下，这是多么大的浪费？要好好研究一下，发动群众认真复收。"

焦裕禄安排完现场的工作，又赶紧往县委打了电话，通报了红薯"丰产不丰收"的情况。在堌阳公社机关，他连午饭也没顾得上吃，又到东关、西关、马目、大付堂等生产队，调查秋季产量和粮食征购情况，防止出现浪费行为。当天，兰考县委就按照焦裕禄电话的指示，向全县发出了《关于堌阳公社李场大队牛场 12 生产队收刨红薯中严重丢失浪费的通报》，要求全县做好复收工作，做到"寸草还家，颗粒归仓"。

古人说："俭，德之共也；侈，恶之大也。"中华民族数千年锤炼出来的价值观，不仅把勤俭节约作为美德，更是把它作为培养德行的重要基础。中国共产党人是中华优秀传统文化的传承者，在百年奋斗历程中进一步发展了这一传统美德，形成了勤俭节约、艰苦奋斗的优良传统和作风。

焦裕禄夫妇用过的箱子　阎建华/供图

　　习近平总书记在 2021 年春季学期中央党校（国家行政学院）中青年干部培训班开班式上的讲话中指出："节俭朴素，力戒奢靡，是我们党的传家宝。"① 焦裕禄是这个"传家宝"的践行者和传承者之一，千千万万焦裕禄式的共产党人鞠躬尽瘁、艰苦奋斗，所要实现的人民对美好生活的向往，是人民物质文化生活水平的不断提高，而不是追求个人的享乐与奢靡。当前，我国的社会主义现代化建设取得巨大成就，物质条件比焦裕禄时代好多了。但是，物质条件越好，焦裕禄式的艰苦奋斗精神就越不能丢，而是要永远弘扬下去。

---

　　①《立志做党光荣传统和优良作风的忠实传人　在新时代新征程中奋勇争先建功立业》，《人民日报》2021 年 3 月 2 日。

"依靠群众、自力更生、艰苦奋斗"

　　面对兰考自然灾害的肆虐和贫困落后的实际，焦裕禄同志不等不靠，带领全县人民自力更生、艰苦奋斗，奋力拼搏、自强不息。他说："我们要有革命的胆略，坚决领导全县人民苦战三五年，改变兰考的面貌，不达目的，死不瞑目。"

——习近平

　　1945 年 5 月 31 日，毛泽东在党的七大上讲到当时的国内形势时，谈到了全党面临的 17 条困难。有困难，自然就有克服困难的方法。毛泽东随即又讲了克服困难、取得胜利的 8 条方法。其中一条方法就是，"学会自力更生"。新中国成立后，党和人民政府带领广大人民群众，发扬艰苦奋斗、自力更生的光荣传统，克服了重重艰难险阻，取得了社会主义建设的伟大成就。在焦裕禄身上，闪耀着这种精神的光辉，而这种精神和作风，也就成为焦裕禄精神的重要组成部分。

1956 年 12 月，焦裕禄从东北老工业基地学习归来，被任命为洛阳矿山机器厂一金工车间主任。洛阳矿山机器厂是苏联援建"156 项工程"项目之一，工厂里有几位苏联专家。分配到一金工车间的苏联专家，名叫茹拉鲁廖夫。焦裕禄上任伊始，正赶上车间里即将安装 5 米立车设备。茹拉鲁廖夫亲自坐镇指挥，制订了运送方案，但困难还是很多。焦裕禄分析了情况后，主持召开了业务骨干座谈会，让大家一起出主意、想办法。经过反复论证后，技术骨干们认为，苏联专家的意见行不通，需要修改方案。最后，终于想出了一个解决问题的办法。根据这个方案，焦裕禄带着大家从下午 3 点开始干，一直忙到深夜，设备安装才全部完成。

一金工车间有一种加工生铁铸件的车刀，是按照苏联标准采用八度刀的方法设计的。可是，这种车刀用起来老是断。焦裕禄看了心疼，就找工人们商量，探讨车刀断了是因为我们没有掌握技术，还是车刀的质量不好。工人和技术人员研究发现，如果把八度刀改成十三度刀，不仅不会断，而且切削量大，又快又好。但茹拉鲁廖夫坚决反对更改标准。

焦裕禄为了说服他，专门把他带到机床前，现场演示给他看。茹拉鲁廖夫看是看了，但还是不同意；焦裕禄干脆让工人在车间里面对面开了两台机床，分别使用两种车刀，结果八度刀一连断了 3 把，十三度刀却完好无损。在事实面前，苏联专家仍然固执己见。焦裕禄急了，他说："我们是马克思主义者，要按照唯物辩证法办事。"面对事实，苏联专家还是一根筋。焦裕禄只好把这件事反映到厂领导那里。最后，厂领导支持焦裕禄的做法，这个"换刀"事件才算结束。事实证明，焦裕禄的坚持是正确的。

总的来说，在和苏联专家打交道时，焦裕禄是尊重他们的，但并不

焦裕禄（左一）在洛阳矿山机器厂和外国专家合影　焦裕禄同志纪念馆 / 供图

因尊重而迷信。有一次，工人们提出的建议被苏联专家否决了。焦裕禄为此专门召开会议，鼓励大家说："专家说不能干，我们能白等着吗？我们不能迷信专家，我们能搞懂一行，解决问题，大家都可以成为专家。"依靠群众、依靠集体、自力更生、艰苦奋斗，就是不迷信、不等、不靠、不要，一切从实际出发，依靠群众的智慧和力量，去战胜困难、解决问题。

随着工作的调动，焦裕禄把这种精神和作风带到了每一个岗位上。1962年12月，开封地委决定调焦裕禄到受灾最严重的兰考主持工作。焦裕禄上任前，地委书记张申专门找他谈话，明确地告诉他，这个任命是要他"在最困难的时候，到最困难的地方，去扭转最严重的局面"，任务是十分艰巨的。张申还说，党把千斤重担交给了你，希望你给兰考人民带去党和毛主席的关怀，带去自力更生、战胜困难的信心、勇气和办法。

焦裕禄态度坚定，没有畏缩，也没有提出任何其他要求。他只是说：

焦裕禄参加革命后，非常注意政治学习，经常学习毛泽东著作。图为手持《毛泽东选集》的焦裕禄（绘画）　黄欣／供图

"任务是艰巨的，我恐怕工作做不好，但我一定努力去做，希望地委多给我指示。"此后的一年多，焦裕禄带领兰考干部群众自力更生、救灾治灾，把全部心血倾注在兰考大地上。

焦裕禄到任后，首先了解了兰考干部的思想情况。在和一些干部的谈话中，他发现干部的主要思想障碍是在自然灾害面前畏首畏尾，被困难压得抬不起头来。最后，他决定从解决干部的思想问题入手，在金营生产队召开一次城关公社干部会，统一大家对战胜灾害的思想认识，鼓舞大家战胜困难的斗志。

在会上，焦裕禄和大家一起学习了毛泽东的《愚公移山》等文章。然后，他结合当时干部队伍中存在的畏难情绪，讲了半个多小时。他说："共产党和毛主席领导我国人民，以愚公移山的志气和决心，搬走了压在全国人民头上的'三座大山'。现在，兰考人民头上还有'三座大山'，就是风沙、内涝、盐碱。'干部不领，水牛掉井。'我们在座的干部都是改变城关落后面貌的带头人，只要干部的思想问题解决了，新的'三座大山'就好铲除。"

焦裕禄的话切中肯綮，又富有感染力，与会干部深受感动，纷纷表示下定决心，自力更生，发动群众，挖掉灾根。焦裕禄听了很高兴，他把手一扬，说："好！好！只要我们当干部的有决心，就能带领群众铲除一切拦路的大山。可是，光有决心还不行，我们用什么办法呢？大家再谈谈。"

说到具体办法，又把大家难住了。会场上安静了一会儿，一位队长提出，自己的生产队准备搞副业，建窑烧砖。焦裕禄听后说："搞副业是一项大收入，我支持，但不要放弃农业，还要想法把地种好，农副业要兼顾。你说对不对？"那位队长回答说，不是不想搞农业，就是碱地把庄稼都给碱死了。焦裕禄说："咱们城关公社碱地多，今天就着重研究下治碱的方法。"接着，他把前几天下乡调研时搜集的排碱翻田办法讲了出来，问大家行不行。

有些干部还是有顾虑，担心可能会面临劳动力不足的问题，或者治碱不成反而把副业也耽误了，有的干部表示要立即行动起来。焦裕禄用心地听着、记着。等大家静下来，他才说："我们先搞几块试验田，好不好？"这个提议得到大家的赞成。接着，焦裕禄又和大家商定了搞试验田的地点、开工的时间等问题，嘱咐大家要注意发动群众。

就这样，焦裕禄首先解决了干部的思想问题，确定了依靠群众、自力更生战胜自然灾害的大方向，拉开了兰考县除"三害"斗争的序幕。

会后，焦裕禄又带着县委办公室的李中修等同志，一起下乡调研，帮助发动群众参加治碱斗争。在城关公社的惠窑村，焦裕禄一行人走到生产队的牲口棚时，见一位60多岁的老人正在喂牲口。焦裕禄经过询问才知道，他是生产队的饲养员，就笑呵呵地和他攀谈起来。一聊才知道，原来这位老人还是生产队的队长，因为村里没人愿意喂牲口，他就把饲养员的活也兼起来了。

焦裕禄称赞他牲口喂得好，对社会主义建设有功。老人笑着说："有啥功？俺能活几年，就为大伙出几年力，大伙叫俺干啥，俺就干啥。"焦裕禄笑着和老人谈了起来，了解了村里的情况，鼓励老人继续把牲口喂好。在返回的路上，焦裕禄意味深长地对李中修说："你记住老队长的话没有？'能活几年就为大伙出几年力'，这是我们改变兰考面貌最可贵的力量。有了这种力量，什么盐碱、风沙都会被我们踩在脚下！"焦裕禄在这样的调研中，通过和群众谈话，看到了改变兰考面貌的最大力量，那就是来自人民群众的力量。

焦裕禄带领兰考人民修筑"台田"，治理盐碱　焦裕禄同志纪念馆／供图

1963 年 7 月，兰考县委制订的《关于治沙、治碱、治水三五年的初步设想（草案）》上报地委、省委后，得到了上级领导的高度重视，省委第二书记何伟亲自到兰考视察。焦裕禄和兰考县委决心依靠群众、自力更生改变兰考面貌的精神感动了何伟，他听完兰考县委的汇报后说："你们的设想规划很好，决心很大。我就是押袜子卖鞋，也支持你们！"何伟还指示河南日报社的同志，要大力宣传兰考人民的抗灾斗争精神。

《河南日报》总编辑刘问世带着几位记者到兰考实地考察采访。焦裕禄在向刘问世和记者同志介绍兰考情况时说："兰考逃荒要饭的旧道路，不能再走下去了，今后兰考要走新道路。这个新道路就是:振作精神，奋发图强，自力更生，艰苦奋斗，抗灾自救，改变面貌。"

焦裕禄向报社同志汇报了兰考县委的指导思想，介绍了一批除"三害"斗争的典型。最后，他提出了一个请求："我请求你们这些'秀才'，在兰考这个落后地区，多报道些积极因素和先进典型，鼓鼓群众的士气，振作一下群众的精神！"刘问世深受感动，决定改变行程，在兰考多住一些日子，更加深入地了解情况，决心搞一个"重型报道"。他说："兰考的新道路、县委的《初步设想》、焦裕禄的决心吸引住了我。"

焦裕禄到兰考前，有位干部总结了兰考的"十二愁"：吃也愁，穿也愁，住也愁，烧也愁，出门愁，进门愁，前也愁，后也愁，白天愁，夜间愁，愁来愁去没个头。不错，兰考是重灾区，困难是客观存在的，但关键是对待困难的态度。焦裕禄到兰考才几个月，就扭转了干部、群众的畏难思想，带领兰考人民走上依靠自身力量改变困难处境的新道路。他靠的是什么？我们说，他靠的是始终相信群众、依靠群众的作风，靠的是带领群众自力更生、艰苦奋斗的精神。

　　"不管条件如何变化，自力更生、艰苦奋斗的志气不能丢。"[①] 中国特色社会主义进入新时代，我们的物质生活条件比焦裕禄生活的时代不知要好了多少倍，但焦裕禄身上那种自力更生、艰苦奋斗的精神永不过时。这是焦裕禄精神的精髓所在，它体现的是一种志气、一种作风、一种精神状态，它决定了党员干部能不能凝聚群众力量共克时艰，战胜民族复兴道路上可能出现的一切艰难险阻。

---

① 《敢于战胜一切艰难险阻　勇于攀登航天科技高峰》，《人民日报》2020 年 4 月 25 日。

"富丽堂皇的事，不但不能做，就是连想也很危险"

他坚持生活简朴、勤俭办事，坚持吃苦在前、享受在后。他的衣、帽、鞋、袜都是补了又补、缝了又缝。焦裕禄同志以他的一言一行对艰苦奋斗做了生动的诠释，这也正是他赢得群众拥护和爱戴的重要原因。

——习近平

1936年，美国记者埃德加·斯诺到延安采访，从毛泽东、周恩来、张闻天等中国共产党的领导人住窑洞、吃小米、穿补丁衣服的俭朴生活中，发现了一种非常伟大的力量。他把这种力量命名为"东方魔力"，并断定这种力量是"兴国之光"。斯诺的断言是对的，依靠广大党员干部身上的这种神奇力量，中国获得了独立和解放，中国人民站起来了；中国的面貌发生了翻天覆地的变化，中国人民富起来了。在中国共产党的百年征程中，这种"兴国之光"曾闪耀在无数中国共产党人身上，焦裕禄就是其中杰出的典型代表。

如果你走进兰考的焦裕禄同志纪念馆，可以看到满是补丁的衣服、破损的棉被、顶出窟窿的藤椅……这些外观破旧的遗物，恰恰是焦裕禄艰苦朴素生活作风的历史见证。焦裕禄在兰考工作时的搭档程世平回忆说："一提起老焦生活作风的艰苦朴素，兰考的干部群众不仅仅是敬佩，而是心疼得掉泪……他在兰考就是苦死、累死的……说他和群众同甘共苦，其实他有时比群众吃的苦还多。"

焦裕禄干工作，是向最高标准看齐；安排自己的生活，却处处和最普通的劳动者相比，始终追求节俭、朴素，始终保持劳动人民的本色。焦裕禄在农村领导土改时，上级发给他一件黑色的大衣。1953年他调到工厂工作后，每到冬天，他穿的还是这件大衣。这件大衣还有个妙用，就是他在车间加班时，可以当被子盖。人们戏称这是他的"两用大衣"。

1959年，焦裕禄调任生产调度科科长后，科里有位同事见他总是穿着这件已经很破旧的大衣，就半开玩笑地和他说："焦裕禄同志，你怎么这么俭省？现在都当了科长啦，怎么还穿着这件旧大衣？该把它送到博

焦裕禄穿过的棉大衣（复制品） 焦裕禄同志纪念馆 / 供图

物馆了吧！"焦裕禄笑着回答说："换新的？我还没想过哩！现在全国上下都搞经济建设，大家都勒紧腰带过日子，我也不能例外啊。这件大衣还能穿，就让它多为人民服务几年吧！再说，穿旧大衣还有个好处，下车间同工人接触多方便。要是穿件新大衣，工人还怕给咱身上蹭上油，不敢接近呢！"当时，这只是同事之间日常的说笑，却让那位同事很受感动。1962年焦裕禄调离工厂时，这件大衣还在为他"服务"呢。

1956年冬天，焦裕禄和李靖涛等一行5人去北京出差，到北京下车时，已是寒气袭人的深夜了。有位同志提出："来到我们伟大的首都北京，该找个像样的旅馆住下，便于工作。"焦裕禄听到后就说："住什么地方还不是一样工作。"大家听后虽然没说什么，但心里还是想要找个条件好的旅馆。最后他们到了一家条件比较差的旅馆，有位同志不高兴地说："这怎么住啊？"焦裕禄却说："同志们，党交给我们的工作还没干，哪能先考虑自己呢？还是先完成任务要紧。"他见有的同志还是不高兴，又接着解释说："毛主席在延安窑洞里写出了许多伟大的著作，我们今天住的这个房子比窑洞好多了！问题不在于住好房子，而在于做好工作。"大家被焦裕禄说服了。

焦裕禄一行人要了一个房间，可房间里只有4张床。有的同志提议给他要一个单间，当即被他拒绝了，他说："我们都是一起来工作的，为什么要让我单独住一间房间呢？不行，我绝不能特殊。"焦裕禄去找服务员，要求给房间里加一张床铺。服务员不同意，坚持给他另找一间。焦裕禄说："北京旅客多，一个人占一个房间，不仅影响其他旅客居住，而且多开支旅费。现在，国家正在搞建设，各方面都需要资金，能节省一厘钱用于建设方面也是好的。"服务员终于同意了，焦裕禄又忙着和服务员一起抬床安铺，床安好后，他又抢先住上。其他同志有些过意不去，

焦裕禄的办公室　焦裕禄同志纪念馆／供图

要求和他更换床铺，他却说："我睡在这里好极了。"

焦裕禄到兰考工作后，也把这种作风带到了兰考。他担任县委书记的一年多时间里，兰考县委的茶缸、椅子、桌子等办公用具，从没买过新的。他常说："应该教育我们的干部，树立为人民服务的观点。在困难情况下，要大公无私，廉洁奉公，与群众同甘共苦。"他自己办公室的陈设十分简陋，一个木架躺椅，椅上的帆布已经断了，用绳缝着；办公用具就是两把旧木椅，一把坏了扶手的藤椅，一张五斗桌上放着一块已掉了角的玻璃板；一个放文件用的破站柜还是考城县和兰封县合并时留下来的，不知用了多少年；办公室里还有一张单人床，床上的棕面已有了几个大窟窿，铺的、盖的都是破旧的。

兰考县委机关的大院建在一片洼地上，盐碱不断从地下浸上来，屋里屋外不仅潮湿，还常常长出白色的碱毛。焦裕禄到兰考工作前，县里就有同志酝酿县委搬家的事。焦裕禄到任后，有同志提出了一套装修县委、县政府办公室的计划。在讨论时，焦裕禄向大家提出了一个问题："坐在破椅子上就不能革命吗？"这个问题把大家问住了。焦裕禄接着说："兰考的灾区面貌还没改变，还大量吃着国家的统销粮，群众生活也还很困难，富丽堂皇的事，不但不能做，就是连想也很危险！"焦裕禄诚恳的态度得到同志们的赞同，县委其他同志也全力支持他。

焦裕禄心里装着灾区的群众，从不伸手向国家要救济、要补助。1963年1月的一天，就快过年了，焦裕禄下乡回来后，看到县委大院的墙上贴着福利救济名单。他仔细一看，名单很长，而且上面也有自己的名字。他觉得有些奇怪："我没有申请救济啊，名单上怎么会有我的名字呢？"

他立刻找到负责此事的机关党支部书记询问："这次救济有什么条件

啊？"那位党支部书记告诉他，申请救济的条件包括"家在灾区，生活困难，本人申请"等。焦裕禄笑着说："我家既不在灾区，我本人又没有申请，为什么也有我啊？"党支部书记有些尴尬，没有回答。焦裕禄严肃地对他说："发放救济款，不仅仅是几个钱的问题，要把它当成政治任务去做。要教育干部，对待生活上的困难，首先要依靠自己省吃俭用去解决。我们都有工资，不能两眼向上，坐等救济。"

当晚，焦裕禄让党支部书记召集了一次机关党员大会。在会上，焦裕禄对大家说："兰考是个重灾县，人民的生产、生活都很困难。我们时时、事事应该首先想着群众，我们是共产党员，要'先天下之忧而忧，后天下之乐而乐'。宁肯自己苦一些，也不能随便要国家的救济。我们是县委机关，更应该给全县干部作出榜样。"最后，焦裕禄坚定地说："评给我的救济，我一分钱也不要。"

在焦裕禄的带动下，又有十几位同志表示不要救济。随后，机关福利委员会重新评定了救济人员，重点照顾了8个困难最大的同志。

有一次，国家拨给兰考一批救济棉，扶助生活困难的人。负责分配这批棉花的同志看到焦裕禄的棉袄是破的、被子是破的，就决定照顾他3斤棉花，哪怕让他换件棉袄也好啊。大家知道直接给焦裕禄他肯定不要，就把棉花票交给了焦裕禄的爱人徐俊雅。但焦裕禄还是知道了，他直接让徐俊雅把票退了回去。他对救灾办公室的同志说："救灾物资是给群众的，我们不能要，虽说我的棉衣破点，但还能穿，比起没有棉衣穿的群众强多了，作为领导要时刻保持艰苦奋斗的作风，生活上向低标准看齐。"

焦裕禄生活上"向低标准看齐"，那么这标准有多"低"呢？他作为一位县委书记，家里的生活条件只能用"拮据""困窘"这样的词来

焦裕禄的妻子徐俊雅和子女的合影。焦裕禄生前忙于工作，甚至没有拍一张"全家福"。这张照片是他去世两年以后拍摄的 张庆民 / 供图

形容。1964年春节前夕，焦裕禄要回山东老家探亲，竟然连回家的路费也凑不出来。他只好私下找到县长程世平，向他借了400元钱，凑足了回老家的费用。春节后，焦裕禄一回到兰考，就还上了200多元。程世平觉得奇怪，问焦裕禄怎么那么点钱还没有用完？焦裕禄说，没花完不是很好吗？事后，程世平才了解到，焦裕禄一家8口人为了省钱，全家人在车上吃的是自己蒸的馍馍，连碗开水都不舍得买。多年以后，程世平回忆起这件事，还感慨万千："这个老焦啊，真是艰苦到家了。"

焦裕禄始终坚守初心，心里装着社会主义建设事业，装着生活困难的人民群众，从不考虑自己的生活是否富足舒适。1963年2月3日，焦裕禄在兰考县委扩大会议上发表过一个讲话，是关于加强执政党建设问题的。其中的几句话，可以看作对质疑他这种艰苦朴素作风的回答："我们每一个党员必须认识到，革命不是为了做官，而是为了勤勤恳恳地为人民服务。书记受党委会领导，和委员之间的关系是平等的。执政党搞不好，就会亡党亡国。过去当个党员不容易，现在还应该是不容易的。一个党员，贪污多占，不深入群众，高高在上，这就是变质。共产党员任何时候都要坚持原则，任何环境中都不能动摇，要经得起考验，任何成绩面前都不能骄傲自满，要吃苦在前，享受在后。任何职务的干部都是人民的勤务员。"

"好吃懒做、贪图享受，才是真正的丢人"

各级领导干部特别是高级干部要继承和弘扬中华优秀传统文化，继承和弘扬革命前辈的红色家风，向焦裕禄、谷文昌、杨善洲等同志学习，做家风建设的表率，把修身、齐家落到实处。

——习近平

2009 年 4 月 1 日，习近平同志在河南调研时，专程赶赴兰考焦裕禄纪念园参观。参观结束后，习近平还专门看望了焦裕禄的子女和亲属。习近平在和焦裕禄长子焦国庆握手时说："你就是当年那个看'白戏'的孩子吧？你看了一场'白戏'，你父亲还专门召开了家庭会议，起草了《干部十不准》，规定任何干部在任何时候都不能搞特殊化。'看白戏'的故事始终深深印在我的脑海里。"当介绍到焦裕禄的三女儿焦守云时，习近平对她说："你可是大名人，毛主席接见过你，当年照片上你穿得很朴素，你梳的那个发型我还记得呢！"①

2014 年 3 月 17 日，习近平总书记到兰考调研指导党的群众路线教育实践活动，又在焦裕禄纪念馆接见了焦裕禄的子女和当地部分焦裕禄式的好干部。在谈话中，焦守云向习近平总书记表示："我们一定传承好父亲的精神，保持家教家风。"习近平总书记听后，一边点头一边说："好家风，好家风。"②

我们知道，习近平总书记非常熟悉焦裕禄的事迹。而且，习近平总书记对焦裕禄的子女也是如此关注和熟悉，并多次称赞、提倡焦裕禄的优良家风。

焦裕禄有 6 个子女，他去世的时候，妻子徐俊雅才 33 岁，最小的孩子才 3 岁。然而，焦裕禄艰苦奋斗的精神，在他的孩子们身上很好地传承了下来。焦裕禄既是个"严父"，又是个"慈父"。对于孩子，他总是以批评教育为主，用摆事实、讲道理的方法教育孩子，从来不打骂孩子。孩子们在焦裕禄的言传身教下，都养成了艰苦朴素、勤俭节约和不搞特殊化等良好习惯。他们长大后都入了党，虽然从事的工作不一样，但是个个都是单位里的先进人物。他们没有一个人利用父亲的名声，给自己谋取好处。

焦裕禄的长女焦守凤从小在博山老家跟着奶奶生活，9 岁的时候才回到父亲身边。焦守凤上学的时候，父亲除了每月给她伙食费外，几乎没给过她一点零花钱。焦守凤在洛阳读小学时，见班上别的同学都有漂

① 平萍：《"让生生不息的焦裕禄精神发扬光大"——习近平缅怀焦裕禄记》，《河南日报》2009 年 4 月 7 日。

② 姜洁、杨昊：《千家万户都好，国家才能好，民族才能好——习近平总书记这样重视和引领家庭家教家风建设》，《人民日报》2022 年 5 月 15 日。

在焦守凤小时候，父亲焦裕禄参加南下干部工作队，一去多年。焦守凤9岁时，才回到父亲身边。焦裕禄临终时，把自己身上最值钱的手表留给了她　焦裕禄同志纪念馆／供图

亮的铅笔盒，就回家和爸爸说，她也想有一个。焦裕禄爽快地答应了，说："明天我给你做一个，比买的都好。"第二天晚上，焦裕禄下班后，向别人借了一把锯，一把小刀，找了块板，给女儿做了个非常精致的铅笔盒。他还用花纸剪了"好好学习、热爱劳动"8个字，贴在上面。焦守凤拿到铅笔盒，非常高兴。

　　焦守凤上中学时，身上穿的还是9岁时做的大衣，不仅不合身，上面还有几个大补丁。有同学对她说："守凤，你爸爸还是县委书记咧！也不给你做件新衣服，看你这大衣破烂成啥样子啦？"焦守凤回到家里，就央求父亲给她做一件新大衣。她说："县委书记的女儿，还没有别人穿得好，你也不怕丢人！"

　　焦裕禄听了女儿的话，指着自己衣服上的补丁说："你看我这县委书记穿的啥衣服？穿这有啥丢人？"他教育女儿说："你知道什么是丢人？好吃懒做、贪图享受，才是真正的丢人！小孩子家想吃好的穿好的，要

是这样发展下去，还会不变质吗？穿衣服只要整齐干净就行了。"接着，他又严肃地告诫女儿说："书记的女儿又怎么样，书记的女儿和工农子弟一样，都是革命的后代，没有什么特殊，不能高人一等。如果说有什么特殊，那就比人家更要好好学习、尊敬老师、团结同学，更要热爱劳动、艰苦朴素。再说你现在穿的也并不坏，冬有棉，夏有单，虽然破一点，也没有露出肉来，比我小时候穿的强多了。"

电影《焦裕禄》中有个情节，讲的是焦裕禄的二儿子焦跃进在家里扔了个窝头，被焦裕禄打了一巴掌。其实，这是文艺工作者的艺术加工。据焦裕禄的长子焦国庆回忆，那是 1963 年 12 月的一天，焦裕禄下班回家，看见焦跃进扔在地上的馍，就弯腰拾起来，吹了吹土，放在煤火台上烤起来。吃饭的时候，他问孩子们："这馍好吃不好吃？"焦跃进抢着说："不好吃。"焦裕禄用责备的眼光看看焦跃进说："我看这馍好吃，你们真是身在福中不知福！我小时候，逃荒要饭，连糠窝窝都吃不上。今年兰考遭了大灾，就这馍，还是政府从几千里外运来的粮食做的。这样糟蹋粮食，你们说应该不应该？"

孩子们都被父亲问得说不出话来。于是，焦裕禄把焦跃进叫到身边，问他："跃进，你在幼儿园里，阿姨教你的《我是一粒米》这支歌，还会不会唱？"焦跃进不知爸爸的用意，就天真地唱起来。等他唱完，焦裕禄拿起煤火台上烤的馍问："这块馍是谁扔的？"焦跃进说是他扔的，焦裕禄说："知道一粒米来得不容易，你就不应该扔，你扔的你就把它吃了吧！"从此以后，孩子们都知道爱惜粮食了。

在焦裕禄心目中，热爱劳动是光荣的事。他的这种观念，也传给了下一代人。他经常教育孩子要保持劳动人民本色，要热爱劳动，热爱劳动人民。孩子们很小的时候，焦裕禄就教他们铺床、扫地、倒垃圾，家

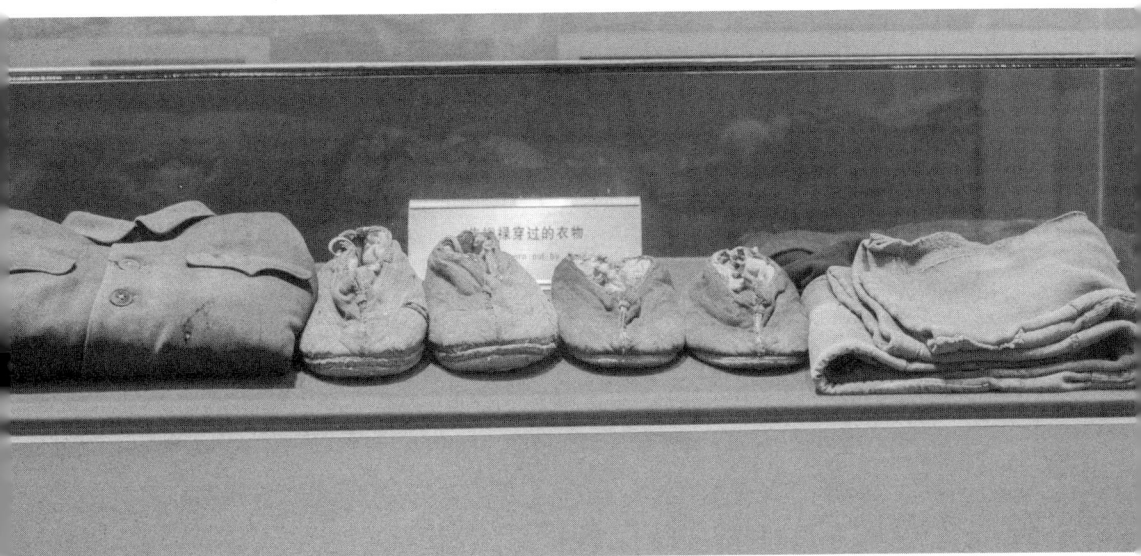

焦裕禄生前穿过的衣物　阎建华／供图

里的一些零碎活儿，也都是让孩子们去做。

焦裕禄在洛阳矿山机器厂工作时，家里用的是自来水，孩子们都习惯了。他调到尉氏县工作后，县里还没有自来水，吃水要去水井里担或者买水吃。那时，焦裕禄就让两个大一些的孩子焦守凤和焦守云学习担水。两个孩子才十几岁，刚开始学担水时，常被水桶压得直不起腰。后来，她们见到有的人家是买水吃，就对父亲说："人家都是买水吃，咱为啥要自己担水呢？"焦裕禄告诉她们："你们自己能担水，为什么要买呢？自己能办到的事，应该自己办，不要事事都依靠别人。从小不爱劳动，光想依靠别人的劳动去生活，长大了会变成个怕困难、怕吃苦的人，就不会全心全意为人民服务。"说着，他亲自教女儿怎样往井里放桶、怎样打水。从那时起，焦家姐妹一直坚持自己担水吃，这也成了她们的生活习惯之一。

焦裕禄到兰考工作以后，遇到孩子们放假，有时还会带着他们去农村参加劳动。1963 年暑假期间，焦裕禄带着长子焦国庆和三女儿焦玲玲去赵垛楼割麦子。路上，焦裕禄给他们讲了从种麦到收麦子，农民要付出多大的辛勤劳动，叮嘱他们割麦和拾麦穗的时候要细心，不要掉了麦粒。劳动的时候，焦裕禄和社员们有说有笑，两个孩子就跟在后面拾麦穗；休息的时候，焦裕禄和社员们坐在地里，讨论怎样改变兰考面貌的事情，鼓舞大家的士气。临走时，焦玲玲拾了几颗麦穗，放在焦裕禄的自行车上。焦裕禄看见了，批评女儿说："这麦子是农民伯伯辛勤劳动一年的果实，我们不应该拿。"一句话说得孩子脸红了，赶忙把麦穗放了回去。

焦裕禄还担心自己的孩子们会产生"特殊化"的特权思想，始终强调他们都是普普通通的老百姓，不是特权阶层人物，没有任何特权。

河南漯河焦裕禄雕像　尤亚辉 / 供图

前面说过，焦裕禄把"搞特殊化"看作最大的忌讳，他把这种思想也传递给孩子们。焦裕禄到兰考工作后，他的家距县里的戏院很近，还有一个小门相通。常常是戏院那边一敲锣打鼓，焦裕禄家听得清清楚楚。一天，焦国庆和姐姐从小门溜到戏院去看戏，被焦裕禄看见了。焦裕禄立刻把两个孩子叫到办公室，严厉地批评说："你们为什么搞特殊，不买票？以后不准看白戏！"为了防患于未然，焦裕禄索性叫通讯员把小门锁上了。

可是，戏院对孩子是有很大吸引力的。有一天，焦国庆又去看戏了，而且没有买票。回来的时候，正好遇上了焦裕禄。焦裕禄立刻问儿子："这么晚，你干什么去了？"焦国庆老老实实地回答说："去看戏了。"焦裕禄又问："哪来的票？"焦国庆说："收票员问我要票，我说没有。他问我是谁，我说焦书记是我爸爸，他没收票就叫我进去了。"焦裕禄听后特别生气，立刻把全家人叫在一起，开了一次"家庭会议"，当面把焦国庆狠狠地批评了一顿。然后，他掏出两毛钱，要焦国庆立即把钱送还戏院，并且要向收票员同志承认错误。这就是习近平总书记提到的那个"看白戏"的故事。

1963 年，焦守凤初中毕业后，没有上高中。徐俊雅就跟焦裕禄商量，要给孩子找份工作干。焦裕禄想要她下乡劳动，焦守凤不愿意去。焦裕禄又提出让她去学理发当理发员，或者去当清洁工打扫厕所，焦守凤还是不喜欢。这时，有人听说焦书记的女儿要找工作，就主动帮忙介绍，焦守凤可以去当小学老师、当话务员、当营业员……这些工作，焦守凤虽然想去做，父亲却不让她去。焦裕禄对妻子说："孩子一出学校门就想坐办公室，不行。年轻人应干点儿脏活、累活和体力劳动比较重的活，在锻炼中成熟长智慧。不劳动就是忘本，谁都知道世界是劳动创

焦裕禄的妻子徐俊雅与长子焦国庆　焦裕禄同志纪念馆／供图

造的。"

后来，有人告诉徐俊雅，县食品加工厂有脏活、累活。就这样，焦守凤被安排在那里当了临时工。焦裕禄特地找到厂长张树森，对他说："我的女儿在这里做临时工，分配工作时一定要把她安排到酱菜组，这样对改造她怕脏怕累的思想有好处。"他还叮嘱说："你们不要以为她是我女儿，就另眼看待，应该对她要求得严些。"在父亲的影响下，焦守凤在工厂里表现很好，上班见活就干，跟着别人担水、推磨、洗辣椒、卖酱油等，脏活、累活、重活她都干，总是满头大汗的。她在厂里受到了锻炼，在大会上受到了表扬，职工们都自愿学习她。

1964年春节期间，焦裕禄带着全家回博山探亲，这是他最后一次回故乡。回到老家的第二天，焦裕禄就带着孩子们踏着厚厚的积雪，冒着凛冽的寒风上山扫墓。焦裕禄把几个孩子叫到墓前，指着坟堆沉痛地说："这就是你们爷爷的坟，你们爷爷去世已经20多年。20多年前，咱这儿是地主的天下。他们横行霸道，勒索百姓。那时咱家因没粮食吃，找地主焦兆忠借了高利贷，后来利加利，还不起。狠心的地主来逼租，因为没钱还，你们爷爷就被地主逼得上吊死了。"焦裕禄的话，让孩子们流下了眼泪。他接着说："在旧社会，不是咱一家这样，多少老百姓被地主逼得走投无路，多少人家被逼得卖儿卖女，妻离子散，家破人亡。"然后，焦裕禄又带着孩子们来到一座山下，指着那里的烈士纪念碑，对他们说："这些叔叔、伯伯都是为了后一代不再受剥削压迫，献出了自己最宝贵的生命……革命的果实就是由这样的叔叔、伯伯流血牺牲换来的，我们可得珍惜今天的幸福生活啊！"

焦裕禄去世多年，但他塑造的优良家风，早已成为儿女们诚心秉持的人生信条，指点着儿女们的人生道路。焦裕禄的家风，还得到了

博山焦裕禄纪念馆　王代伟／供图

习近平总书记的多次"点赞"。现在，虽然我们的条件好了，我们还是应当见贤思齐，把焦裕禄精神作为一面镜子来好好照照自己、反省自己，把焦裕禄精神传承下去。

第三章　科学求实

"伟大的革命胆略，冲天的干劲和实事求是的工作作风"

实事求是是党的思想路线的核心内容，也是焦裕禄精神的灵魂。在焦裕禄同志看来，实事求是、求真务实既是一种科学精神，也是一种工作作风，还是一种人生态度。

——习近平

1963 年 6 月，焦裕禄在修改《关于治沙、治碱、治水三五年的初步设想（草案）》时，特意加了一段话，其中有两句是这样说的："当前兰考的灾情如此严重，我们必须有伟大的革命胆略，冲天的干劲和实事求是的工作作风。我们有决心领导全县人民，苦战三五年，完成这个生产上的革命。"这是焦裕禄对同志们提出来的要求，也是他自己一贯的工作风格。

1949 年，焦裕禄担任尉氏县大营区副区长，领导全区的土改工作。

焦裕禄主演的《血泪仇》是解放区的著名剧目。图为解放军的宣传队在演出《血泪仇》 焦裕禄同志纪念馆／供图

当时，尉氏县刚刚解放，百废待兴。为了启发农民的觉悟，焦裕禄决定排演大型现代歌剧《血泪仇》，到全区巡回演出。《血泪仇》是剧作家马健翎根据毛泽东在延安文艺座谈会上的讲话精神创作的一部秦腔现代戏，后来被改编成其他戏剧形式。焦裕禄在南下途中，曾经演过这部戏。

可是，当时排演这样一出戏是很困难的，没有演员，没有剧本，没有道具。但是这难不住焦裕禄，他凭着自己以前演《血泪仇》的记忆，把戏词默写出来。他亲自担任"导演"，动员区干部和大营区高等小学的师生充当演员。高等小学的体育、音乐教师陈振庭喜欢吹拉弹唱，充当了这部戏的主演，并帮助焦裕禄做"导演"工作。那时候，根本没有演戏的经费，一切都只能因陋就简：演戏用的服装是向老百姓借的，道具是自己动手做的。焦裕禄指导大家做的玉米秆、玉米叶、玉米穗和树都非常逼真。这部戏巡演几个月，剧组真正花钱买的东西，只有一块天蓝色的幕布。

由于演女角的演员不够，当时在大营区高等小学读书的李长兴才14岁，就被焦裕禄选中演一个青年妇女。《血泪仇》在大营区各村巡回演出，引起轰动，被县委调到县里演出。在到县里演出前，焦裕禄觉得陈振庭演的主角王仁厚的衣服还不够破，临时找一位看戏的老人，让他暂时和陈振庭换一下衣服。陈振庭演完戏后，脱下"戏服"一看上面满是虱子，一会儿就抓出百十来个。但是，这次演出特别成功，观众们不断喝彩，剧组还受到了县委的嘉奖。多年以后，陈振庭和李长兴接受采访时谈到了一个共同的感受：焦裕禄无论做什么事情，都有一个必胜的信念，都有一种可贵的求实精神，他总是坚持既要把事情办成，又要实事求是，最后达到解决问题的效果。

坚持实事求是，考验的是一个干部的担当，焦裕禄就有这样的担当精神。1958 年春，全国掀起社会主义建设的高潮，正处于基建安装收尾阶段的洛阳矿山机器厂也不例外。焦裕禄作为一金工车间的党支部书记、车间主任，在当时的形势下提出"迂回策略"，就是在设备不齐全、条件不完善的情况下，提前投入生产。在几个月的时间里，焦裕禄带着工人克服了一个又一个困难，攻破了一道又一道难关，终于生产出了合格的产品。然而，在总装过程中，一金工车间遇到一个大麻烦：卷扬机减速器上有两组齿轮，为保证精度，按工艺要求，应该剃齿。当时，车间的剃齿机还没有安装好，如果等它安装好再干，当月装配就来不及了。有的同志提议，既然如此，那就等等吧。但焦裕禄不同意，他发动工人一起动脑筋、想办法，在车间里熬了 5 个昼夜，终于把一台 65 型普通车床改造成剃齿机。尽管如此，总装进度还是受到了影响，卷扬机总装完毕时，已经是第二个月第一天的凌晨了。

厂生产部门在公布各车间完成计划情况时，不仅认可一金工车间完成了月计划，还把它列为完成计划的先进单位。但焦裕禄不同意这样做，

在试制 2.5 米卷扬机的时候，焦裕禄在车间里住了 100 多天，其间他就睡在这条板凳上　焦裕禄同志纪念馆 / 供图

他说："拖了一分钟，也不能算完成计划，不能把这月的账记在上月，丁是丁，卯是卯，半点也含糊不得！"他看到厂里公布的计划完成情况后，专门跑到厂部，要求给予更正。

这样一来，车间的工人们不高兴了。他们认为，不过是拖了几个小时，既然厂里都公布了，又何必给自己脸上抹黑呢？为了统一大家的思想认识，焦裕禄召开了全车间职工大会。在会上，他首先肯定了大家的干劲，然后主动承担了责任。他说，客观上是剃齿机没能如期完成安装，但是自己主观上没有及早做两手准备。等意识到剃齿机确实不能装成后，再着手搞革新，便耽误了时间。最后，他语重心长地说："同志们！我们都是刚刚学着搞经济建设，应当一开始就养成实事求是的好作风，立下好规矩，做出好传统啊！"听完焦裕禄的讲话，工人们都同意了他的做法。

1962 年，焦裕禄调回尉氏县任县委书记处书记。他在尉氏县主抓的工作中，有一项是甄别右派。这是一项政治性很强的工作，如果有半点不实事求是的做法，都可能给一些同志带来伤害。但焦裕禄坚持实事求是，解决了一些被冤枉的干部的问题，调动了广大干部的积极性。

尉氏县团县委原副书记侯文升和妻子陈莲清，都是焦裕禄在尉氏县工作时培养的干部，相互之间很了解。焦裕禄回到尉氏县后，不少老朋友、老部下都来看望他或者找他反映问题。焦裕禄没见到侯文升夫妇，感到有些奇怪。一打听才知道，侯文升在 1958 年被划为"右派"，被开除党籍、开除公职，下放到西华农场劳动教养。

陈莲清虽然没受牵连，但也不想给老领导添麻烦，只是把焦裕禄回尉氏工作的消息，写信告诉了在农场劳教的丈夫。几天后，陈莲清所在公社的一位领导，交给她一些布票，并告诉她这是焦书记交代给她的，

焦裕禄在尉氏县工作时的办公室（外景） 焦裕禄同志纪念馆／供图

是县里专门为平反的同志解决困难的。陈莲清见老领导没有忘记自己，心里非常感动。

几天后，焦裕禄让人给陈莲清捎了一个口信，让她到县城去一趟。一见面，焦裕禄就告诉陈莲清："小侯给我来信了，管教干部对他说，送他去教养的档案丢失，解决不了摘帽问题，我找你来商量这个事如何办。"陈莲清这才知道，原来焦裕禄已经在做给侯文升平反的工作了。她后来回忆当时的情形说：

我当时很激动，把平时心里不敢说的话都倒了出来。讲了1958年反右的经过以及强加在侯文升头上的罪名，认为不符合党实事求是的精神。焦书记显得思想很沉重，缓缓地说："关于这方面的事，我回来后也听说一些。我想，小侯参加工作以来一帆风顺，傲气是会有的，至于反党……"他说到此，摇了摇头，接着说这是政策问题，目前上级对1958年上半年划的右派，精神是基本上都要摘掉帽子，今后中央还会有政策的，等等看吧。最后他安排我到西华农场去一趟，请农场组织给尉氏县委写一封信，写明3个问题：一是侯文升档案丢失情况，二是在场劳动教养的表现，三是组织上的处理意见。并说，有这封公函我好提到会议上讨论。焦书记对解决这一问题的方法、途径，考虑和安排都合情合理，这件事我永远不会忘。在焦书记实事求是的公正处理下，我们这个被政治风浪冲破了4年的家，终于又团聚了。

焦裕禄在尉氏县大营区工作时，树立过一名劳动妇女的先进典型王小妹。在焦裕禄的帮助下，王小妹组织了大营区第一个互助组并担任组长。焦裕禄调离尉氏县后，王小妹被调到团县委工作。在反右派斗争时，

青年时期的焦裕禄　聂鸣／供图

王小妹因性格直爽，爱说爱笑爱热闹爱管事，受到了牵连，虽没被划为右派，但也被下放劳动了，心情十分郁闷。王小妹听说焦裕禄回尉氏县工作了，激动得就像遇到久别的亲人一样，立刻去找他。一见面，王小妹就放声大哭，哭诉自己受到的委屈。焦裕禄始终没说话，只是认真地听她诉说，让她哭够说完。

王小妹哭诉完后，焦裕禄语重心长地开导她说："咱们建设社会主义，没有现成的经验，在前进的道路上总会有坎坷、有曲折、有教训。根据你说的情况和我对你的了解，我相信你不会反党，也不会说党的坏话。你受了委屈，我同情你。但你要相信党，党从来是讲实事求是的，实事求是就是科学嘛！错了就要改，对的要坚持。"

王小妹还是感到委屈，她说："我不干了，回家当农民去！还赶我的牛，犁我的地去……"焦裕禄理解她的心情，微笑着说："你受了点委屈和挫折就想回老家？那些长征中的老前辈们，有的在枪林弹雨中牺牲了，有的活了下来，我们今天的幸福生活是他们用鲜血和头颅换来的，不是吗？我们在和平环境中遇到点不平，难道

实事求是是党的思想路线的核心内容，是焦裕禄精神的精髓。图为中国共产党历史展览馆展出的毛泽东题词"实事求是" 中新图片 / 牛云岗

就不能忍受吗？"接着，焦裕禄又循循善诱地给她讲党的政策，劝她摆正党的事业、人民的幸福与个人得失之间的利害关系，最终打动了王小妹，让她放下了思想上的包袱，重新树立为党工作的信心，重新鼓起为党工作的勇气。

在尉氏县工作的半年时间里，焦裕禄还发现了对基层干部打击面过宽，一些基层干部的工作积极性受到挫伤的问题。即使面对这种敏感问题，焦裕禄也不回避。他深入干部群众了解实际情况，根据党的政策实事求是地进行研究，从多方面做思想工作，重新调动起那些受打击干部的积极性。在20世纪60年代，干部队伍中"阶级斗争"的弦绷得还很紧。但在焦裕禄心中，讲"阶级斗争"，同样要做到实事求是。他通过深入调查研究，让尉氏县十几名受到打击的基层干部被重新起用。

实事求是，是党的思想路线的核心内容。在延安时期，毛泽东就把"事实求是"4个大字，题写在中央党校大礼堂前，让所有来这里学习的干部都看在眼里、记在心中。他还强调，"共产党员应是实事求是的模范，又是具有远见卓识的模范。因为只有实事求是，才能完成确定的任务"①。进入新时代，习近平总书记多次阐述为什么要坚持实事求是、怎样坚持实事求是等问题。他指出："实践反复证明，能不能做到实事求是，是党和国家各项工作成败的关键。"②"坚持一切从实际出发，是我们想问题、作决策、办事情的出发点和落脚点。"③焦裕禄成为干部的楷模，与他始终坚持做"实事求是的模范"是密不可分的。

---

① 《毛泽东选集》第二卷，人民出版社1991年版，第522页。

② 习近平：《在纪念陈云同志诞辰110周年座谈会上的讲话》，《人民日报》2015年6月13日。

③ 习近平：《努力成为可堪大用能担重任的栋梁之才》，《求是》2022年第3期。

"吃别人嚼过的馍没味道"

他笃信"吃别人嚼过的馍没味道",通过深入的调查研究,基本掌握了水、沙、碱发生发展的规律,作出和实施了治理"三害"的正确决策。

——习近平

调查研究是中国共产党人的传家宝,是领导干部的基本功。毛泽东在土地革命战争时期提出的"没有调查,没有发言权"的论断,是全党同志耳熟能详的口号。焦裕禄深得毛泽东思想的精髓,是注重深入群众作调查研究的典范。他抓工作,常常从调查研究抓起,在调查研究中发现新情况,理出新思路。他的那句名言"吃别人嚼过的馍没味道",充分体现了一位领导干部求真务实的作风。

1959 年,焦裕禄任洛阳矿山机器厂生产调度科科长,负责全厂的生产调度工作。一天，他带领一名调度员到车间了解生产情况。到了车间，焦裕禄问那位调度员："现在厂里提出日产卷扬机一台，你看完成任务的关键在哪里？"调度员不了解车间的情况，也不熟悉卷扬机的零件，所以一时回答不上来。接着，焦裕禄指着一台卧式滚齿机旁边的一根中间齿轮轴问调度员："这根齿轮轴的主要工序有哪些？"调度员回答得也不全面。焦裕禄对他说："不作艰苦的调查研究，是难以取得发言权的啊！"

第二天，焦裕禄就在科里主持召开大会，给大家讲"调查能出办法"的道理，并向所有的调度员提出了一条要求：每名调度员对自己主管的车间必须做到"四熟"——人员熟、设备熟、产品零件熟、能力负荷熟。焦裕禄带头搞调查研究。在他的小本子上，画着许多零件图案，写着统计数字；对全厂各车间的设备，他率先做到台台心中有数。他经常到车间检查每一道生产环节，注意每一道工序的生产情况和存在的问题；他每次都是在掌握了大量的一手材料之后，才召开全厂的生产调度会。他搜集的数据资料都来自生产一线，所以能提出符合生产实际的意见，更好地协调了各车间的生产工作。

焦裕禄这种调查研究、科学求实的作风，在兰考县治灾救灾中发挥了更大的作用。1962年12月8日，也就是焦裕禄到兰考上任的第三天，他就带着县委办公室干部张思义，到灾情严重的城关公社调研。

在区里同志的陪同下，焦裕禄一个大队一个大队地考察，从许贡庄到胡集、从胡集到许楼、黄楼……每到一个村子，焦裕禄都要问清村名的来历和村中的现状。在调研中，焦裕禄对兰考县的一草一木、一丘一田，都很感兴趣；每到一处，都思考这里怎么搞才能让群众过得更好。他们走到五爷庙大队的沙丘上时，焦裕禄说："这里可以栽上树，防风固

在兰考工作期间，焦裕禄通过走访调研，提出了一系列治理内涝、风沙、盐碱灾害
的办法。科学求实是焦裕禄精神的灵魂。图为兰考县"焦桐"石碑　栗志海/供图

沙，几年后就是一片好绿林。"走到郭庄的盐碱地时，焦裕禄说："想法治住它，把一片白变成一片青。"兰考县北边有一个满是积水的大水塘，焦裕禄指着那里说："这里可以种藕、养鱼。"回到县委，他仿佛已经看到了无限的希望，兴致勃勃地告诉大家："兰考是个大有作为的地方，问题是要干，要革命！"

12月17日，焦裕禄经过5天的调查研究，写出《关于城关区韩陵公社进行巩固集体经济发展农业生产第一步工作情况的报告》。在这篇报告中，他对韩陵公社当前形势、集体经济状况、各阶层思想动向作了细致准确的分析，提出"韩陵公社的土质多沙少碱，林粮皆产，特别适宜花生和泡桐的种植"。他具体分析了韩陵公社种泡桐树的有利条件和益处：第一，桐树是根生天然育苗，刨一棵生百棵，源源不断。年年生根发芽，可以陆续移栽；第二，不用投资，不用治虫打药；第三，泡桐种植技术性要求不高，按一般操作规程即可成活，五六年便能成材，见效快，收益大；第四，以林促农，旱天它能散发水分，涝天又能吸收水分。可以林粮间作，以林保粮；第五，当地群众有栽种桐树的习惯，不用做说服动员工作。

在报告中，焦裕禄还强调，应该大力发展牲畜养殖业，因为这是搞好农业生产的主要一环。他根据调查的结果指出，老韩陵大队现有牲口31头，每头负责耕地54亩，远远满足不了实际需要。发展牲畜养殖业，必须注意几个方面：第一，把现存的喂好，保证不死；第二，应认真选拔积极负责、喜爱牲畜的好饲养员；第三，注意繁殖；第四，减轻牲口干农活的强度，注意使役。

焦裕禄在报告的最后强调，要经常对广大干部群众进行社会主义教育，让他们不断提高爱国主义觉悟、社会主义觉悟和集体主义觉悟。要求每位社员都做到"五爱"，即爱祖国、爱党、爱集体、爱劳动、爱林木与公共财产。要求认真努力巩固集体经济，坚持社会主义道路。教育干部，发扬土改时艰苦、深入的优良作风，深入牛屋、粮田，深入每家每户了解情况，听取反映，宣传党的政策。

12月22日至24日，焦裕禄主持召开了县委扩大会议。会议主要传达中共中央中南局林业会议精神，总结前一段社教工作，安排下一步生产救灾等内容。在传达完林业会议精神后，焦裕禄重点讲了发展林业的重要性和具体措施。他提出，从1963年起，全县党员干部要大搞植树造林，全县人民每人每年至少要种一棵树，公社、大队要设立护林人员，订立护林公约，等等。

焦裕禄在会上安排完孤寡老人的救济款如期发放、牲畜的过冬问题后，又提出了干部问题。据当时参加会议的县委副书记刘呈明后来回忆，焦裕禄在会上号召，干部一定要统一思想，统一认识，树立信心，战胜灾荒。焦裕禄最后总结说："当前兰考灾荒形势严峻，外流人口呈逐渐增加趋势。我们兰考这个地方来之不易，是多少革命先烈用鲜血和生命换来的，有36万兰考人民，有党的领导，在困难和灾害面前，我们不能低头，只有挺身而出，战胜灾荒，才能对得起党，对得起兰考人民。'干部不领，水牛掉井'，关键要敢于领导，要会领、会导，做群众的带路人，和群众一起搞'生产自救'。"

焦裕禄在会上还专门讲了干部要下乡调研的问题。他说："要尽量减少会议，走出办公室，到下边去，巡回检查，调查研究，要眼睛向下，面向基层，面向生产。布置工作，检查工作，要以生产为出发点和落脚处。"

焦裕禄在上任还不到一个月时，就有了清晰的思路。他的这一番话，

焦裕禄 1963 年带领兰考人民治理风沙时所用的箩 焦裕禄同志纪念馆 / 供图

把县委一班子人都发动起来了。大家都表示，要深入基层，弄清灾情，找出办法，帮助群众克服困难。在焦裕禄的领导下，兰考即将出现一个新局面。

内涝、风沙、盐碱，是兰考著名的"三害"。焦裕禄知道，要战胜它们，就要掂量清楚它们的"分量"，唯有知己知彼，才能百战不殆。因此，他决定把兰考县 1800 平方公里土地的自然情况摸清摸透。1963 年夏，兰考县委根据焦裕禄的意见，先后抽调了 120 多名干部、老农和技术人员，组成一支三结合的"三害"勘察队，展开大规模的"追洪水，查风口，探流沙"的工作，对全县沙荒、沙丘、风口分布情况进行全面无死角的调查。

焦裕禄带头调查，常常带着干粮，挎着水壶，冒着炎热，顶着黄风，和同志们一道去现场察看。为查清风沙走向，他带人撵风追沙，直跟到沙落地；为查清水路，他拄着一根高粱秆，蹚河涉水，直觅到水归槽；在盐碱地里，他用舌头尝泥土的味道，辨别盐碱的种类和土壤的含碱量。

当时，焦裕禄的肝病已经很严重了，许多同事劝他不要参加调查，但他毫不犹豫地拒绝了同事们的劝告，他说："吃别人嚼过的馍没味道。"他不愿意坐在办公室里依靠别人的汇报做工作，说完就背着干粮，拿起雨伞和大家一起出发了。

随着对灾害情况调查的进行，焦裕禄开始着手思考治理"三害"的方法。10月初，他根据兰考县《关于治沙、治碱、治水三五年的初步设想（草案）》和调查情况，亲自起草造林防沙方案和排涝治碱方案。10月8日，他主持召开县委常委会会议，研究通过了《关于造林防沙的实施方案（初稿）》，指出，只有以林促农，以农养林，农林相依，密切结合，才能抵制风沙危害，保障农业稳定增产。同时，方案还为宜林地区制定了具体的造林指标和完成时间。

到11月下旬，调查工作终于完成。在120多天的实地调查中，焦裕禄带着勘察队的同志们跑遍了全县的各个角落，总行程达2500多公里，完成了对全县所有沙、碱、涝土地的面积、分布情况以及对农作物的危害程度的测量和勘查。掌握了大量第一手资料。

焦裕禄终于摸清了兰考"三害"的底子，掂清了"三害"的分量。对在调查中发现的这些风口、沙丘、沙龙，他们在丈量时，都逐一编号、绘图；全县的千河万流、淤塞的河渠，阻水的路基、涵闸……也调查得清清楚楚，绘成了详细的排涝泄洪图。

终于掂清了灾害的分量，焦裕禄心里顿时踏实、透亮了。在调查结果的基础上，焦裕禄发动全县各级党组织和群众制订了除"三害"规划。对该是哪一级办的，都绘出了分期分批治理的图样，包括一年计划、二年计划，直到三五年计划，每一级的计划都由同级干部群众讨论，报上级批准。这样，焦裕禄集中分散的、不系统的群众意见，加以整理，部署下去；再集中起来，再部署下去，在群众中不断循环，把计划变为现实。

　　功夫不负有心人，脚板子底下出经验，一场改变兰考面貌、彻底治理灾害的总攻开始了！

"办法还得到群众中寻找"

　　要拜人民为师、向人民学习，放下架子、扑下身子，接地气、通下情，深入开展调查研究，解剖麻雀，发现典型，真正把群众面临的问题发现出来，把群众的意见反映上来，把群众创造的经验总结出来。

　　　　　　　　　　　　　　　　　　　　　　　　——习近平

　　马克思主义唯物史观认为"人民群众是历史的创造者"，"向人民群众学习的观点"是中国共产党人群众观的内涵之一。早在延安时期，毛泽东在谈到怎样作好调查研究的时候，就要求党员干部在群众面前要有放下臭架子、甘当小学生的精神。他强调说："必须明白：群众是真正的英雄，而我们自己则往往是幼稚可笑的，不了解这一点，就不能得到起码的知识。"① 焦裕禄不仅总是把人民群众的安危冷暖放在心上，还非常

①《毛泽东选集》第三卷，人民出版社1991年版，第790页。

133

焦裕禄热爱学习，一方面学习专业知识，一方面学习政治理论知识。这张已经有些模糊的照片记下了焦裕禄学习的珍贵场景　焦裕禄同志纪念馆 / 供图

善于到群众中拜师学艺，发动群众共同提供解决问题的办法，总结群众创造的经验和智慧。

1953 年 6 月，焦裕禄刚到洛阳矿山机器厂工作时，完全是一个工业建设的"门外汉"。但是他能扑下身子，把技术人员和普通工人的热情激发出来。一遇到问题，就组织大家召开"诸葛亮会"，群策群力，商量解决问题的办法。他在洛阳矿山机器厂的第一个职务是筑路指挥部主任，负责修筑一条通往厂区的公路。厂领导给了他半年时间。焦裕禄没日没夜地泡在工地上，和工人们同吃同住同劳动。为了解决涧西大桥路段的工程难题，他召集技术人员反复探讨，后来在两位老工人的帮助下，他用秸秆做成桥梁模型，克服了施工中的困难。最后，这条路只用 3 个月就修筑完成了。

1956 年初夏，焦裕禄从大连学习归来，1957 年任洛阳矿山机器厂一金工车间主任。这时，一金工车间270多台机器设备正进入安装阶段。安装9米铣床、8米龙门刨、6米立车、5米滚齿机等大型设备，需用60吨重的行车起吊。这是一项艰巨的任务，厂领导亲自作了部署，苏联专家制订运输方案并坐镇指挥。运输科副科长孙峰是和焦裕禄一同去东北学习的同志，但他学的是工业经济和工业会计，回厂后才改行搞运输工作。面对这个棘手的任务，他担心拿不下，想来想去，最终决定找焦裕禄商议。

焦裕禄想了想说："毛主席讲，没有办法，就到群众中去，这句话，我今至仍记忆犹新。"根据焦裕禄的提议，他们组织两个部门的骨干和专业人员，召开了现场座谈会。在会上，大家都认为苏联专家的意见行不通。因为要把笨重的大行车在一夜之间运进去，必须使用露天作业的大型设备，但是大型设备无法使用，因为厂房和大门已建成不能拆。

最后，大家集思广益，决定在一金工车间露天的铁路专用线上，采用千斤顶升高设备，轨道平车两头抬，进入室内后再换木杠滚筒手工作业。就这样，两个部门的同志通力合作，从17点开始准备，至次日凌晨完成。当厂长派人到现场检查时，运输安装任务已经顺利完成。焦裕禄兴奋地对孙峰说："摆弄这个玩意，不虚心当学生，向明白人请教是不行的。"

相信群众，依靠群众，集中群众智慧解决问题，始终是焦裕禄的重要工作方法。1962年12月，焦裕禄被调到兰考工作，面临的又是一个全新的环境，要解决一系列艰巨的难题。因此，他到任的第三天，就下乡调研去了。他这次下乡，不仅仅是为了访贫问苦，也希望从群众中吸取治灾救灾的经验。

12月9日，焦裕禄等人来到城关公社的老韩陵大队。在生产队的饲

焦裕禄 1962 年 12 月到老韩陵大队下乡调查时认识了农民萧位芬。焦裕禄曾住在他的饲养棚里。
图为萧位芬喂养牲口的情景　焦裕禄同志纪念馆 / 供图

养棚里，焦裕禄认识了大队的老饲养员萧位芬。焦裕禄毫不忌讳地往饲养棚的地铺上一坐，和萧位芬拉起家常。萧位芬不认识焦裕禄，但觉得这个干部不错，两人谈得很投机。最后，萧位芬问道："你是来俺庄的驻队干部吧？"随行人员告诉他，这是新来的县委书记。从此，萧位芬与焦裕禄成了朋友，而且是知心的朋友，有什么知心话都讲给这位书记听。

3天后，焦裕禄又到了老韩陵大队，开了一整天的群众座谈会。晚上，焦裕禄到了萧位芬的饲养棚，决定和老饲养员一起住一夜。在聊天的时候，焦裕禄谦虚地请教这位有经验的老农，对改变兰考面貌有什么好主意。萧位芬见本县最大的"官"问自己这个，有些诚惶诚恐。焦裕禄宽慰他说："改变兰考面貌，人人有份，您年纪大，有生产经验。我今天就是专门来请教您的。"萧位芬想了想说："沙土窝里能种泡桐树，它挡风、压沙，木材用处大。俺村50多亩地才有一头牲口，多养牲口，才能种好地。兰考的沙土最适宜种植花生，花生秧和花生皮又是牲口的好饲料。"焦裕禄听了很高兴，两人一直谈到深夜。

萧位芬给焦裕禄讲了一件令人心酸的事：兰考县本来盛产优质泡桐木材，闻名全国。但是，由于在"大跃进"时期遭受了灾难性的破坏，偌大的兰考县，昔日常见的桐木，此时却不见了踪影。上海乐器厂的人来兰考收购制作乐器的桐木，跑遍全县竟收不到一车。最后，他们挨家挨户地收购了农民做饭用的破桐木风箱，这才凑够一车，解了乐器厂的燃眉之急。这件事让焦裕禄唏嘘不已。这时他想到，兰考必须恢复种植泡桐树的传统。

不久，焦裕禄到城关公社胡集大队调研。在一户农民院落里，他看到了已经成材的泡桐树，数了数一共有21棵。这家只有老两口，没儿没女。焦裕禄关切地问他们生活上有什么困难，需不需要救济照顾。老

焦裕禄 1963 年春亲手栽植的泡桐树。这棵泡桐已成为焦裕禄精神的象征，兰考人民亲切地称之为"焦桐" 栗志海 / 供图

汉摇摇头，指着泡桐树说："用不着。有了这些树，吃穿用都不愁。俺是一年出（挖掘）一棵树，卖了就是钱。"焦裕禄又问："您光出树不栽树，这些树出完了怎么办？"老汉说："掘了树，树根还在，只要不封坑，来年春天就发芽抽条，留下一棵好的，其余的弄到集上去卖树苗，十来年就又成材。一年掘一棵，富贵不断头。"

种泡桐能脱贫，这个发现，让焦裕禄坚定了发展泡桐树种植业的决心。他非常高兴，当场跟那位老汉借了把铁锨，在胡集大队朱庄南300米处挖了个坑，亲手栽下了一棵小泡桐树。6个月后，他在这棵已经长起来的泡桐树旁，留下了一张与泡桐的合影。这棵泡桐树至今还在，就是人们熟知的"焦桐"。

萧位芬提到过养牲口的重要性，焦裕禄也很重视。由于兰考县连年遭受自然灾害，不少生产队的牲口数量也大为减少，甚至连人都吃不饱饭。

1963年春的一天，焦裕禄到赵垛楼大队调研时，发现这个大队的7头牲口又肥又壮。焦裕禄觉得，这里边一定有文章。他蹲在老饲养员刘宗行的饲养棚里，向他讨教养牲口的经验。刘宗行说："俺庄户人不知什么叫经验，只是实打实地干。年成坏的时候，有人把牲口丢下不喂了。他们不要，俺要；大队的7头牲口，都在俺家喂。俺家的8口人，都为这7头牲口操心。开春以来，俺家8口人割了1万多斤草；后来草吃完了，俺就把自己1亩自留地的麦子割下来，让牲口吃了。人虽受了点委屈，可牲口保住了膘。"

焦裕禄听后很感动，他对刘宗行说："喂牲口最重要的经验，你都介绍了。这是个最宝贵的财富，我要带你到全县各地去作报告。"后来，焦裕禄把从群众中得来的这些经验写入调查报告，并在会上向同志们表扬这些农民，他说："萧位芬、刘宗行这些人，都是咱兰考的英雄，有了这样的贫下中农，何愁治不住'三害'？！"

治理风沙的办法，焦裕禄也是从群众中发现的。他曾多次和干部、技术人员商量怎样治住风沙灾害。有人说可以造林固沙，有人说挖防风沟、打防风墙。焦裕禄觉得这些办法都不错，就是速度慢了一些。这时有人说："听一个林业大学生说，国外有一种沥青固沙法。在沙漠地区，每亩沙丘上，用30公斤纯沥青，加上95%的水，拌成乳剂，用喷雾器，向沙丘喷洒，就能把沙丘封住。"焦裕禄听了哈哈大笑，说："这个办法好，但是只适合外国，不适合咱中国的兰考。咱们有的是人，要发扬南泥湾精神，我看办法还得到群众中寻找。"

1963年7月，焦裕禄带领"三害"调查队，到风沙灾害最严重的张庄调查。焦裕禄受农民魏铎彬用胶泥封坟的启发，想出了用胶泥封沙丘的办法。

对于这个办法，兰考县委决定先搞试点，再由点到面、全面铺开。焦裕禄亲自去赵垛楼大队进行试验。他率领干部群众，用两天时间，封闭了一个面积约为30亩的沙丘。后来，这个沙丘经过7级大风的考验，没滚动，旁边的麦苗也没被盖住。试点成功后，县委又在张庄大队搞大面积试验，发动群众，大干了一个多月，在总面积约为1000多亩的17个沙丘上，全部盖上了一层半尺厚的淤泥，同样经受住了7级以上大风的考验，效果良好。

试验成功后，兰考全县掀起了群众性的治沙高潮。干部群众奋战了冬春两季，终于把危害最大的一些沙丘封闭在淤泥之下。但焦裕禄非常清醒。一天，他到高场大队和社员们一起劳动，在休息的时候，和社员们聊起天来。为害多年的沙丘被固定住了，群众的高兴之情自不待言。

兰考县东坝头镇张庄村濒临黄河，曾是兰考县最大的风口。20世纪60年代，焦裕禄曾在这里查风口、治风沙。今天的张庄村焕然一新，人们生活富裕幸福　中新图片／牛书培

焦裕禄问大家，下一步该干些什么呢？一位生产队队长说："俗话说，树是沙区宝，没树真难熬；有林就有粮，没林打饥荒。我看还是栽树。要不，遇上几场风雨，沙丘一抹帽，咱这里还是老样子！"

焦裕禄兴奋地一拍大腿说："说得对！人头上的帽子，戴得时间长了还会破哩！沙丘上的淤泥帽，光秃秃的，不在它上面打扮点啥，时间长了，能不破？咱们在困难面前不要腰软，在成绩面前也不能自满。要更上一层楼啊！依我看，下一步就在封起来的沙丘上，种草、栽树，给它'扎上针'，把沙丘死死地固定起来，让它再也不能危害咱兰考人民！"

于是，在翻淤压沙的同时，兰考县委又发动全县展开大规模的植树造林运动。经过一冬一春的艰苦奋斗，全县危害农作物的沙丘不仅全给贴上了"膏药"，而且"扎上了针"——栽种了各种树木。兰考根治风沙灾害斗争，取得了胜利。

焦裕禄工作中的许多办法，都是从群众中得来，再经过他的提炼总结推广的。群众为什么会对他推心置腹呢？因为他从来没把自己当作"官"，而是始终觉得自己就是一个普通人。刘宗行后来回忆说："老焦是俺的阶级兄弟。俺和他说话，像坐在棉花包上，又舒坦又暖和。"焦裕禄一生与人民群众没有距离，在群众中他就是群众，所以人民群众不论有什么话都愿意告诉他。

·

"榜样的力量是无穷的"

伟大时代呼唤伟大精神，崇高事业需要榜样引领。

——习近平

　　回首百年党史，无数模范人物的艰苦奋斗精神，带动着广大群众共同前进。习近平总书记说："崇尚英雄才会产生英雄，争做英雄才能英雄辈出。"① 这种崇尚先进、见贤思齐的浓厚氛围，汇聚成攻坚克难的强大力量，证明"榜样的力量是无穷的"。

　　焦裕禄是县委书记的榜样，也是全党的榜样。他是一位善于发现典型、树立榜样的干部。焦裕禄曾对兰考县委副书记刘呈明说："如何把工作搞活，这是个领导艺术问题。我感觉要树立典型，抓正面教育。榜样

---

　　① 习近平：《在庆祝中华人民共和国成立70周年大会上的讲话》，《人民日报》2019年10月2日。

20 世纪 60 年代初，焦裕禄带领兰考人民抵御风沙，改善恶劣自然环境，被称为"县委书记的榜样"。图为焦裕禄同志纪念馆内的焦裕禄雕像　中新图片 / 王中举

的力量是无穷的。'干部不领，水牛掉井。'领导光知道提问题，不组织群众想办法救灾，群众即使有劲也使不出来。"可见，焦裕禄是把发挥典型的引领示范作用作为发动群众、组织群众的一种重要方法。在实践中，他多次通过树立典型，有效地推动了工作进展。

　　焦裕禄在兰考面对的是前所未有的困难，领导的是一场改天换地的斗争。在兰考，他发现并树立了更多的先进典型，使他们发挥了更大的带动和示范效应。"韩村的精神""秦寨的决心""赵垛楼的干劲""双杨树的道路"，被人们称为兰考县的"四面红旗"。

　　1962 年 12 月 29 日，焦裕禄到城关公社韩村生产队调研。这个生产队距县城一二公里，只有 27 户人家、100 多口人。可是，严重的水灾给这个生产队带来的是毁灭性的打击，所有庄稼颗粒无收，只有几亩高粱有点收成。年底的时候，全队每个社员只分到 12 两（折合市制 7.5 两——作者注）高粱。焦裕禄了解村里的情况后，就召集干部和部分群众开座谈会，商量如何开展生产自救、抗灾度荒工作。在会上，有的群众想投靠亲友，有的想等上级救济，甚至有的想外出讨饭。焦裕禄鼓励大家生产自救，他说："小鸡有两只爪，可以挠食。人有两只手，只要劳动就不会没吃的。"

在焦裕禄的鼓励下，韩村群众从困难中看到了希望。他们经过一番酝酿，决定从沙荒高处割干茅草，靠卖草养活自己。原来，大水退后，韩村的地里没长出多少庄稼，却长满了茅草。韩村干部发动全队群众开展割草活动，仅用了五六天，就靠卖草挣了 1400 元，买了一些粮食，解

兰考焦裕禄同志纪念馆内"抓典型　树红旗　以点带面"展示板块　佚名／供图

了燃眉之急。两个多月后，焦裕禄又到韩村了解社员的生活情况。队干部告诉他，经过全队冬春两季的努力，一共割了 27 万斤草，不仅养活了全体社员，养活了 10 头牲口，还修理了十几件农具，购置了 7 辆架子车。

焦裕禄听后十分高兴，决定将这件事通报全县。他说："韩村人生产自救的胜利，说明了一个真理：事在人为，人定胜天。它给我们很大的启示：在困难面前，应该有不怕困难、不向困难低头、积极斗争的雄心壮志，才能克服和战胜困难。"他把韩村人自力更生、生产自救的做法，概括总结为"韩村精神"，号召全县人民学习"韩村精神"。

1963 年 4 月 12 日，焦裕禄到堌阳公社独角楼和秦寨两个大队检查春耕生产。独角楼大队"深翻压碱"的做法，引起了他的兴趣。秦寨也是受盐碱危害最严重的村子，焦裕禄一到秦寨就问大队党支部书记准备怎么改变秦寨面貌，那位书记回答不出来。焦裕禄就要求他到独角楼看一看，并作好规划，树立目标。按照焦裕禄的指示，秦寨大队去独角楼大队学习了治碱经验，回来后就开展了轰轰烈烈的"深翻压碱"活动。

两个多月后，焦裕禄去堌阳公社调研治碱的办法时，又去了一次秦寨大队。他到的时候，大队党支部正在学习邻村黄口大队的治碱经验，研究"深翻压碱"问题。焦裕禄直接参加了会议，向大家介绍了黄口大队"深翻压碱"的情况和带来的好处。焦裕禄给秦寨大队算了一笔账：翻 1 亩地，假如增产 200 斤，那么翻 3000 多亩地，就能增产 60 万斤粮食，这可不是一个小数字。在焦裕禄的指导下，秦寨大队党支部决定：用 3 年时间，将全大队的盐碱地深翻一遍。他们还制订了一个计划：1963 年翻 800 亩，1964 年翻 1500 亩，1965 年翻 1014 亩。

随后，秦寨大队作了一次总动员，通过党员会、社员代表会、群众会，进行层层发动，宣传盐碱的害处、深翻土地的好处。他们还提出了几个口号："向盐碱夺粮，大翻深翻，翻淤压碱""现在多翻一锨土，秋后多吃万粒粮"。很快，群众被发动起来，秦寨大队掀起了一股轰轰烈烈的翻地高潮。

大队党支部为了调动群众的积极性，采取了一系列措施。例如，干部带头参加翻地，以生产指导生产；干部和群众同包工、同计分；及时总结翻地的好方法；翻地实行大包工，按劳分配，每翻1亩，记72个工分（比干其他活高）；适当安排强壮劳动力去翻地，妇女和半劳动力搞农田管理；组织参观评比，召开现场会；等等。

几天后，焦裕禄再到秦寨的时候，看到的是群众顶着烈日，一锨一锨地翻地的场景。他立刻脱掉外衣，跳到壕沟和大家一起干了起来。他一边干一边问群众："天气这么热，生活又苦，干这么重的活，你们能受得了吗？"有人回答说："不能干一天就干半天，不能翻一锨就翻半锨，好比蚕吃桑叶，一口一口地啃一样，我们也要把盐碱地翻个个儿。"

焦裕禄听后非常高兴，他说："这是愚公移山的决心、蚕吃桑叶的办法，县委大力支持你们。"他当即让随行的县委宣传干事刘俊生写报道，大力宣传秦寨人的精神。刘俊生写了一篇报道——《以愚公移山的精神，以蚕吃桑叶的办法，秦寨大队深翻压碱，改良土质，成效显著》，后来发表在《河南日报》上。

张君墓公社（今考城镇）的赵垛楼大队地势低洼，是兰考县有名的"锅底"，庄稼一遇大水就会被全部淹光。从1960年到1963年，赵垛楼大队连续遭灾，庄稼基本绝收，群众靠统销粮、救济款勉强度日。

1963年春，焦裕禄到赵垛楼调研，让大队党支部书记赵培德带他查看村里的排水出路情况。赵培德指着村里的两条排水渠给焦裕禄看。焦裕禄看后很兴奋，他说，赵垛楼虽是个小盆地，但只要搞好沟渠配套工

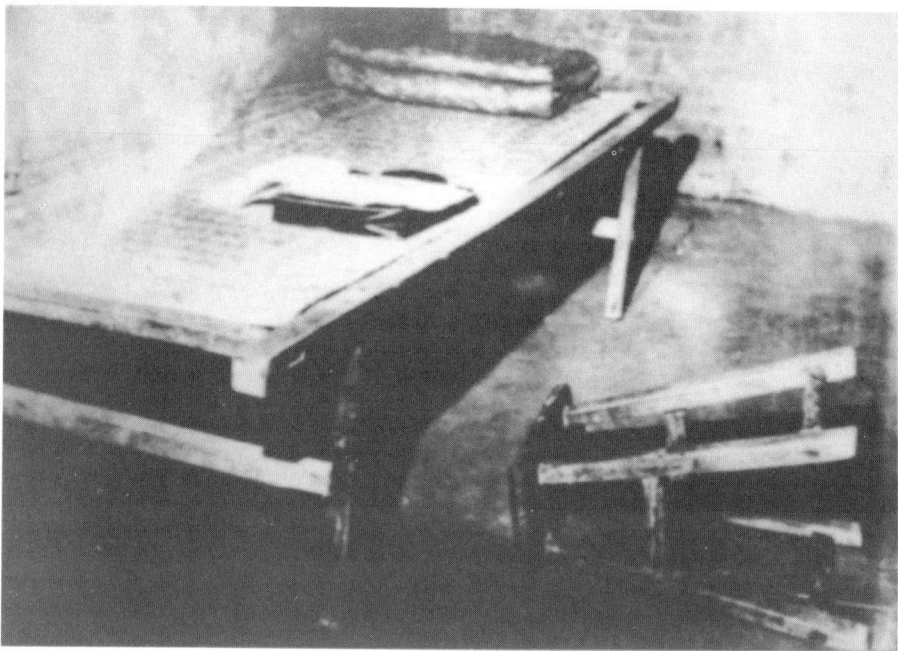

焦裕禄就在这个简陋的地方写下了赵垛楼大队的经验总结　焦裕禄同志纪念馆／供图

程，积水是可以排出去的。焦裕禄又问："老赵，你说说，你这个大队为什么连年遭灾，主要祸根是什么？"赵培德回答说，主要灾根是内涝和风沙。焦裕禄点点头说："既然看准了，就应该狠抓，要死抓住不丢，要发动贫下中农，多想办法，定规划，把祸根除掉。"

在焦裕禄的具体指导下，赵垛楼大队经过几天的苦战，排走了涝洼地里的大部分积水，全大队 5900 亩被淹的庄稼，救出了 5500 亩。焦裕禄走后，赵培德又召开了大队党支部会议，研究商定了挖沟排涝的计划，决定领导群众在夏汛之前就搞好沟渠配套工程。赵垛楼大队经过两个多月的艰苦奋战，挖小河沟 475 条；在涝洼地修建条田 330 亩，基本解除了涝灾的威胁。焦裕禄得知此事后赞扬道："赵垛楼队员的干劲真大，值得全县学习。"

8 月 21 日，焦裕禄带人到赵垛楼大队察看汛情。他们走遍了全大队的 6 个自然村、17 个生产队，规划了 22 条排水河沟。焦裕禄在实地调研中了解到，这年赵垛楼大队的粮食产量是 1958 年以来最好的一年，平均每人 350 多斤粮食；全大队以前外流 1400 人，已经回来 1348 人；在抓农业生产的同时，赵垛楼还发展了多种经营，麦前插白蜡条 490 亩，初步起到了防风作用，晒干草 20 万斤，坑塘河道栽芦苇 200 亩，购买繁殖牲口 8 头。①焦裕禄称赞他们生产工作搞得好。

这一次，焦裕禄在赵垛楼大队住了 3 天。8 月 22 日，他主持召开了生产救灾经验座谈会，总结出 3 条成功经验。在会上，焦裕禄还了解到，赵垛楼大队财政底子薄、生产工具少，可能会影响秋收。焦裕禄当场与公社的领导同志商量，决定用以前批给赵垛楼大队的长期贷款购买 50 辆

---

① 参见魏治功主编：《焦裕禄读本》，河南人民出版社 2011 年版，第 134 页。

架子车、2 辆马车、100 杆木杈，支援赵垛楼秋收。

8 月 23 日，焦裕禄又主持召开了大队群众大会，表扬了一心为集体的党支部书记赵培德等干部和 5 位老农。散会后，焦裕禄对公社、大队干部们说："我们工作，要随时发现好人好事，树立旗帜，标出鲜花，让大家看，叫大家学。这样，群众就有了明确的奔头，干起活来就会你追我赶。外地的先进人物要学，本地的先进人物更要学。榜样的力量是无穷的。"

当晚，焦裕禄在赵垛楼大队部的煤油灯下，忍着肝疼熬了一夜，给县委、地委写了一篇《一个七季受灾的特重灾队今年生产一片繁荣景象的调查报告》。在报告中，他写明了赵垛楼大队的自然情况和近几年的灾情，赞扬了干部、群众的干劲，总结了经验，找出了存在的问题，指明了彻底改变面貌的奋斗方向，进一步肯定了"赵垛楼的干劲"。这份调查报告在兰考全县产生了强烈的反响，掀起了学习"赵垛楼干劲"、彻底改变兰考面貌的活动。

红庙公社双杨树大队也是一个连续遭遇自然灾害的困难大队，1962 年人均产粮只有 80 斤，全大队只有 7 头牲口，犁、耙、绳套等生产工具也很少，地犁不过来，犁过的地又缺少种子。干部工作吃力，不少群众想外出讨饭。早在 1963 年 1 月底，焦裕禄到双杨树大队调研，了解到这种情况后，对当地干部提出要求："你们要依靠群众，依靠集体，自力更生，团结抗灾，战胜困难，发展生产。"大队党支部按照焦裕禄的意见，召开群众会，研究抗灾的办法，组织农副业的生产。

到了 9 月初，焦裕禄来到双杨树大队，了解小麦播种准备情况。他发现，双杨树大队的生产有了发展，但问题没有得到彻底解决，个别干部有畏难情绪，个别群众有外流想法。根据这种情况，焦裕禄组织干部学习毛泽东思想，启发大家要自力更生、白手起家，依靠群众克服困难，种好种足小麦。接着，他又主持召开了几次群众座谈会，发动群众团结起来共克时艰。在焦裕禄的指导下，干部群众增强了信心，思想趋于统一。短短几天时间，群众集资 681 元，生产队投资 520 元，购买了 8 头牲口，自筹了 750 多公斤麦种，很快完成了小麦播种任务。

9 月下旬，焦裕禄不放心双杨树的小麦播种工作，又到这个大队来实地考察。正在地里忙碌的群众见他来了，都围了上来，述说全大队群众克服困难播种麦子的经过。他们告诉焦裕禄，为了播种好小麦，牲口不够用，他们就用人拉犁，每天出动 100 多人；麦种少，社员就卖树、卖鸡蛋买种子；全大队计划种 735 亩麦子，现在已经种了 640 亩，占计划的 90% 以上。此外，双杨树大队的群众为了发展农副业生产，还买了

焦裕禄下乡调查时，都是与群众同吃、同住、同劳动。图为焦裕禄参加劳动时的照片　焦裕禄同志纪念馆／供图

木杈 40 杆、耩地耧 2 张、小猪 120 头，组织社员下地割草 12 万斤。① 焦裕禄听后高兴地说："双杨树的道路走得对！"

回到县委，焦裕禄让办公室的同志及时总结了双杨树大队"自力更生两眼向下，依靠群众种好小麦"的经验。他在上面写下一个批示："我县连年受灾，困难较大，用什么思想，走什么道路来克服困难，战胜灾荒，是个原则问题。摆在我们面前的两条道路，一条是依靠集体，依靠群众，在党的领导下，奋发图强，自力更生，发扬'穷棒子'精神，找出受灾的原因，实事求是地制订克服困难的具体措施，带领群众鼓足干劲，向灾害作顽强不屈的斗争，就没有克服不了的困难；另一条是在困难面前缺乏信心，缺乏'穷棒子'精神和革命干劲，单纯依靠国家救济和外援。结果，不但困难克服不了，更重要的是把人的思想搞坏了，困难就越来越大。红庙公社双杨树大队坚持集体经济，依靠人民公社的力量，克服了种种困难，充分做好了麦播准备工作，他们的道路走得对。"

10 月 5 日，焦裕禄在兰考县三级干部会上作了全面分析形势，加强党的领导，完成各项任务的报告，概括总结了兰考县秋季形势，表彰了一批抗灾的先进典型。他把其中几个自力更生的典型概括为"韩村的精神""秦寨的决心""赵垛楼的干劲""双杨树的道路"，号召全县人民深入学习这些先进典型。

焦裕禄在兰考树立的先进典型，还有"坝子的风格"，许贡庄、南马庄五队等"硬骨头队"，以及"模范支部书记""妇女标兵""五老将""护林小英雄"等先进个人典型。焦裕禄曾多次讲述这些先进典型的重大意

---

① 参见魏治功主编：《焦裕禄读本》，河南人民出版社 1992 年版，第 142 页。

通讯《县委书记的榜样——焦裕禄》的作者之
一穆青为焦裕禄题词"人民公仆，干部楷模"
焦裕禄同志纪念馆／供图

义。他说："榜样的力量是无穷的。我们应该把群众这些可贵的东西，集中起来，再坚持下去，号召全县社队向他们学习。"

在这些先进典型的示范和带动下，兰考干部群众的思想统一了，群众自力更生的热情被激发出来，越来越多的社队在根治"三害"的道路上，创造出辉煌的业绩。饱受自然灾害蹂躏的兰考，逐渐以崭新的面貌出现在人们的面前。

"政治与技术是对立的统一"

我们学习和弘扬焦裕禄精神，就要像焦裕禄同志那样，坚持实事求是，尊重客观规律，深入调查研究，真正把求真务实融入自己的工作和生活之中，坚持一切从实际出发，讲实话、办实事、求实效。

——习近平

焦裕禄是工农干部出身，是做政治工作的行家里手。同时，他善于把政治与技术结合起来，不仅重视提高自己的技术水平，更加注重发挥技术人员的作用。他在政治上、思想上和生活上关心技术人员，充分发挥他们的特长，让他们更好地为社会主义建设服务。

1954 年 8 月，洛阳矿山机器厂选派焦裕禄等人去东北老工业基地学习和实习了两年时间。焦裕禄在哈尔滨工业大学学习时，克服了重重困难，用了几个月的时间完成了学习任务。随后，焦裕禄又被派到大连起

焦裕禄在大连起重机厂实习时，徐俊雅也在该厂工作。图为焦裕禄夫妇的工作证　焦裕禄同志纪念馆／供图

重机厂实习，担任机械加工车间实习主任。

　　这是焦裕禄第一次见到现代化的大工厂。刚到的时候，他对一切都感到生疏。面对这些困难，焦裕禄没有退缩，而是虚心地向技术人员学习。用他的话说就是"困难是杆秤，你软他就硬"。在车间里，他很少坐在办公室，几乎每天都待在车间里，看看这里，问问那里，向老工人和技术人员请教，从图纸、零件直到加工方法，他都认真细致地学习，耐心全面地求教。晚上下班后，他十有八九是不回家的，而是一个人在图纸室里翻开图纸，认真地学习钻研。

　　据与焦裕禄一起实习的同事周锡禄后来回忆：一次，焦裕禄去餐厅吃饭，遇到了一位技术人员。为了请教"画法几何"中的一个难题，他将吃饭忘在了脑后，竟拿起饭盒、茶缸当作实物，与那位技术人员一起对照着图纸，比比画画，认真求教。当他将问题弄清时，早已过了开饭时间，餐厅大门已关闭。

　　通过两年的学习和实习，焦裕禄有了现代化工厂的生产和管理经验，对技术人员的重要性也有了更加深入的认识。1956年底，他回到洛阳矿山机器厂，担任一金工车间主任，用自己的热情点燃了车间工人投身建设的激情。

一金工车间有一位青年技术员，名叫陈继光。他毕业于大连工学院（今大连理工大学）机械系，业务精湛，擅长机械加工工艺，特别是对齿轮啮合理论及加工制造具有很深的造诣。1957 年反右派斗争以后，陈继光由于家庭出身和社会关系问题，受到不公平待遇，有些心灰意冷。焦裕禄了解到他的情绪后，主动和他交朋友，赞扬他的技术能力和为车间作出的贡献。有一次，焦裕禄问他："你每做完一项工作以后，总要写下详细的笔记。是不是怕背后有人射冷箭，说三道四秋后算账？"这话道出了陈继光的心思，他一时竟不知怎么回答。焦裕禄诚恳地说："你怕什么？万一出了技术问题，只要你将原因讲清楚，责任我来承担。技术就是技术，不要和政治联系在一起。"焦裕禄的坦诚相待，令陈继光非常感动。

不仅如此，焦裕禄还在车间党总支会议上为技术人员"说话"。他以陈继光为例，说明技术人员的重要性。他说："我国自己培养的青年知识分子，我们应该在政治上严格要求、团结帮助，工作上大胆培养、放手使用，生活上体贴入微、关心照顾。"他还特别强调："政治与技术是对立的统一。政治就是政治，政治与技术不能混为一谈。技术属于生产力的范畴，没有阶级性。"他希望大家都要重视技术人员的作用，说："我国的知识分子热爱共产党，热爱社会主义祖国，热爱自己的事业。我们没有理由不信任他们。对待知识分子，只有努力做到人尽其才、才尽其用，才能促进生产发展，加速经济建设的步伐。"

在焦裕禄的关怀和支持下，车间里像陈继光这样的技术人员心情舒畅了，干事业的热情更加高涨，为车间解决了一项又一项技术难题。一

焦裕禄（右）在大连起重机厂工作时，为先进工作者颁奖　焦裕禄同志纪念馆／供图

次，一金工车间承担了一项艰巨任务——加工不带空刀槽的双向人字形齿轮。对这项任务，苏联专家也提不出方案，于是焦裕禄就把这项任务交给了陈继光。陈继光在查阅大量国内外资料的基础上，精心地设计了工艺规程，多次深入生产现场与工人们研究制订措施，和工人们一起操作加工，终于按时、保质、保量地完成了这项艰巨的任务，受到工厂的表扬，被职工们传为佳话。

焦裕禄在工厂工作期间，养成了培养人才、爱惜人才、重用人才的习惯。每当遇到难题，他都会召集技术人员和有经验的工人师傅开"诸葛亮会"，用亲切朴实的语言和满腔热情调动大家的积极性，群策群力，解决难题。他的这种科学求实的作风，发挥了重要作用，给人留下深刻印象。

1962 年 8 月，调任尉氏县委副书记的焦裕禄到县教育局了解文教情况。教育局局长马振营是焦裕禄在尉氏县领导土改时的老战友，两人见面都很高兴。他们正在交谈时，某股股长陆绍坤来向局长请示工作。马振营给他们作了介绍，焦裕禄亲切地问了陆绍坤的情况。当陆绍坤说到自己的工作时，焦裕禄很高兴，对两人说："人才是兴国富民之本啊！你们是人类灵魂的工程师，做教育工作艰巨伟大光荣，一定要把全县的教育工作搞上去，今后咱们要加强联系。"谈得高兴了，焦裕禄拿出四五十张洛阳矿山机器厂的照片给他们看，介绍工厂的情况，最后对他们说："这个工厂，现在的根本问题是缺乏技术管理干部和工程师。你们是搞教育的，培养人才是你们的任务，当然也是我们共同的任务，要按照党的教育方针、政策，把学生培养成为有社会主义觉悟的、有文化的劳动者。数量越多越好，只有这样才能满足祖国工农业发展的需要。"焦裕禄还向他们表示，今后工作中遇到什么困难，需要县委解决的，一定帮助他们解决。

焦裕禄在领导兰考除"三害"的斗争中，同样重视发挥技术人员的作用。他到兰考不久，就听说县林业局有两位新分配来的大学生，一位叫朱礼楚，毕业于湖南林学院（今中南林业科技大学）林学系，毕业后曾在国家林业部、洛阳林科专业学校工作，1962年8月被分配到兰考；一位叫魏鉴章，毕业于广东林学院（今华南农业大学），1963年3月被调到河南省林业科学研究所研究泡桐，被组织派到兰考蹲点。对这种科班出身的人才，焦裕禄特别重视。

1963年春，焦裕禄专门去老韩陵大队的泡桐试验站看望他们。见面后，焦裕禄问魏鉴章："听说你是南方人，来兰考工作习惯吗？兰考这地方怎么样？"魏鉴章直言不讳地回答说："没有南方好，这里风沙大，生活苦，搞研究也很困难。"焦裕禄说："慢慢就会习惯，生活上与南方不一样。"

聊了一会儿后，焦裕禄说："泡桐是兰考一大宝，很有发展前途，很值得研究。特别是农作物和泡桐间作，这是劳动人民在与风沙斗争的实践中创造的经验。因此，要想研究它，就不可忘记劳动人民；要想研究好，就要使思想感情在群众中扎根。"说到这里，焦裕禄意味深长地指着一棵泡桐说："这棵泡桐树，树干这么粗，树叶这么茂，没有扎得很深的根是不行的。你们是南方人，远离家乡，阔别亲人，这是为了革命，这是党的需要，只要在群众中扎下根来，你们的工作就会像这棵桐树一样，根深叶茂。"

对于两位技术人员的困难，焦裕禄很关心，他说："兰考是个沙区，现在又有特重灾情，生活是苦一点，但这是暂时的。兰考有这么多沙丘，现在看来是件坏事，将来林子一起来，就是件大好事。我们要和全县人

焦裕禄叉腰站在泡桐树旁　张庆民 / 供图

民共同奋斗，决心把这些沙丘变成绿洲，要它老老实实地'为人民服务'。目前，虽然困难，如果可以的话，供应你们一些大米。以后生活上、工作中，有什么困难或问题，都可以提出来，党一定帮助你们解决！"

焦裕禄回到县里，直接找来县直机关食堂的司务长，提出让机关干部每人每月少吃一碗米，挤出 30 斤大米给两位南方来的技术人员。焦裕禄还要求，把自己这个月的饭票都换成大米，再从别的地方挤出点，明天就给两位技术员送去。焦裕禄的真情，打动了两位技术员。他们从此扎根兰考，千辛万苦培育耐盐碱、抗风沙的泡桐树苗。到 1969 年，兰考的农桐间作面积已达 52 万亩，成立了全国第一个泡桐研究基地。河南省委第一书记刘建勋到兰考县视察时，亲自接见了两位年轻的技术员，勉励他们继续深入群众，把泡桐树研究好，绿化兰考大地。

习近平总书记曾多次视察兰考，并指出："焦裕禄精神是永恒的！"图为《焦裕禄精神生生不息》邮票 阎建华 / 供图

　　朱礼楚晚年说："来兰考，我后悔；留在兰考，我不后悔！"在这后悔与不后悔之间，隔着一个焦裕禄。朱礼楚的儿子也留在了兰考，他说："是焦书记的关心，让我父亲和魏伯伯的思想坚定下来，扎根兰考，为这里的林业发展贡献力量。"魏鉴章晚年的时候，每当提起焦裕禄，仍然眼泛泪花，激动地说："焦书记是个再好不过的干部了！"

第四章 迎难而上

"革命者要在困难面前
逞英雄"

焦裕禄同志到兰考上任前，党组织与他谈话时明确提出，兰考是一个最穷的县，一个最困难的县，要他在思想上有经受最严峻考验的准备。焦裕禄同志坚定地说：感谢党把我派到最困难的地方，越是困难的地方，越能锻炼人。不改变兰考的面貌，我决不离开这里。

——习近平

　　焦裕禄在工厂干得好好的，为什么被调到县里干农村工作呢？这要从当时的国内形势和中央的政策说起。1959—1961 年，由于自然灾害和苏联政府背信弃义地撕毁合同等原因，我国国民经济发生严重困难，国家和人民遭到重大损失。

　　1960 年 7 月 5 日至 8 月 10 日，中共中央在北戴河举行工作会议。毛泽东在会上强调，民以食为天，吃饭是第一条。会议确定了认真清理劳动力，充实农业战线，首先是粮食战线的方针。[①] 河南省是农业大省，擅长抓农业的干部却很缺乏。河南省委列出了 25 个重灾县，决定从工业系统抽调 25 名优秀领导干部，充实地方党委和政府，焦裕禄就是其中之一。他的新工作是回到他曾工作过 3 年的尉氏县，担任县委副书记。

1962 年 6 月，焦裕禄离开洛阳矿山机器厂的前一天，厂党委书记赵祥庆找他谈话，问他愿不愿意到农业战线上去，有什么困难没有。焦裕禄实事求是地回答说："困难还是有的，离开农村已经八九年了，这几年对农村的情况不熟悉了。但是只要党需要，我一定服从分配，虚心向地方的同志学习，完成党交给自己的任务。"赵祥庆接着说："农村生活和城市比会苦一些，要有思想准备。"焦裕禄说："这算不了什么，只要工作搞起来了，群众发动起来了，生活就会慢慢好的。"在焦裕禄的话语中，赵祥庆听出了理想、信心和希望，感觉到他已经做好了克服困难的准备，充满着对未来生活、工作的无限激情和信心。

焦裕禄担任尉氏县委副书记才半年多，刚刚干出一些成绩，就接到了调他到兰考工作的任命。为什么这么快就要调走？因为兰考是重灾区里的"重灾区"，急需一位党性强、能力强、与人民群众感情深厚的干部去那里工作，改变那里的局面。

1962 年，当全国大部分地方渡过"三年困难时期"的时候，兰考县却仍笼罩在"内涝、风沙、盐碱"三害的阴霾之中。这年粮食产量降到了历史最低水平。36 万兰考人，灾民就高达 19 万多，有 3.8 万人外出逃荒要饭。在这样的压力下，兰考干部普遍情绪不高，一位干部总结的兰考"十二愁"，就是当时兰考干部队伍的真实写照。那时，河南省委省

---

① 中共中央党史研究室：《中国共产党历史》第二卷（1949—1978）下册，中共党史出版社 2011 年版，第 562 页。

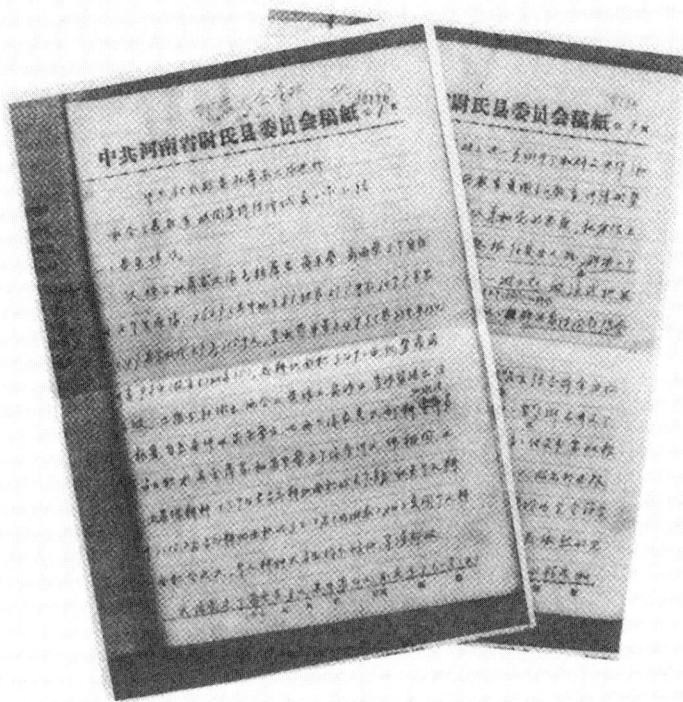

焦裕禄在尉氏县工作期间，在《席苏村发展集体经济的试点总结》上作的批示 焦裕禄同志纪念馆 /
供图

政府甚至考虑过一个方案，就是把兰考一分为四，让附近的四个县"瓜分"兰考。

开封地委书记张申是焦裕禄在尉氏县领导土改、支前时的老上级，很了解焦裕禄。张申后来回忆，虽然与焦裕禄已有 10 年时间没在一起工作了，当组织上需要一位能"在最困难的时候，到最困难的地方，去扭转最严重的局面"的干部时，他考虑到了焦裕禄。所以，焦裕禄在尉氏县工作才 6 个月，就被调到兰考工作。

焦裕禄上任前，张申亲自和他谈话。后来，张申回忆当时他和焦裕禄谈话时的心情和场景说：

在自然灾害面前，有一些干部顶不住困难的重压，思想混乱，不愿意在兰考工作。当时的兰考县委对自然灾害处于被动应付状态，就是在这样严重的情况下，党把千斤重担交给了你，希望你给兰考人民带去党和毛主席的关怀，带去自力更生、战胜困难的信心、勇气和办法。我清楚地记得，你接受这个任务的时候，态度坚定，没有畏缩，没有提出任何其他要求，只是说："任务是艰巨的，我恐怕工作做不好，但我一定努力去做，希望地委多给我指示。"①

开封地委组织部副部长程约俊给焦裕禄办理调动手续。在谈话中，当焦裕禄得知程约俊曾在兰考工作时，马上来了兴趣，迫不及待地向他请教兰考过去的情况。程约俊告诉他，兰考是沙区，沙区有"三大宝"，就是花生、条子（泡桐）、大枣。焦裕禄说："兰考困难大，我得马上去

---

① 化汉三主编：《难以忘却的怀念：焦裕禄回忆录》，河南大学出版社 1992 年版，第 228 页。

生动展示焦裕禄带领兰考人民种植泡桐防沙治沙事迹的油彩画《焦裕禄》（局部）　中新图片 / 杜洋

工作。"随后，焦裕禄就马不停蹄地去兰考县赴任了。

1962 年 12 月 6 日，焦裕禄到兰考县委报到。一进兰考，迎接他的是一场狂风飞沙；映入眼帘的，是一片片白茫茫、寸草不生的盐碱地；在火车站遇到的，是面有菜色准备外流的灾民……

焦裕禄深深感到自己肩上担子的重量。他顾不上休息，报到当晚就主持了县里召开的三级干部会议，散会后又连夜修改了会议的总结报告。第二天，焦裕禄又参加了一天三级干部会议，询问了一些当地的情况，并在会上讲话。

12 月 8 日，焦裕禄到兰考的第三天，就带人下去调研了。此后的一个星期，他都是在调研中度过的。他在灾民中访贫问苦，慰问灾民，解决一些群众燃眉之急的问题；他在农村召开党团员、群众座谈会，了解群众的迫切要求；他组织大家寻找影响生产发展的原因，向有经验的群众请教让兰考脱贫的方法……

就这样，焦裕禄到处走、到处看、到处问，了解到很多重要的情况，也发现了一些值得深思的问题。经过 7 天的奔波、调查、思考，他对兰考的情况有了初步的了解，对如何做好这里的工作，也理出了初步的头绪。他回到县里，和大家一谈，不少同志都说："焦书记好像原来就在兰考工作过似的。"12 月 17 日，他向县委提交了《关于城关区韩陵公社进行巩固集体经济发展农业生产第一步工作情况的报告》，这是他对兰考发展提出的第一步构想。

在县委会议上，焦裕禄对县委的同志们说："兰考是个大有作为的地方，问题是要干，要革命。兰考是灾区，穷、困难多。但灾区有个好处，它能锻炼人的革命意志，培养人的革命精神，革命者要在困难面前逞英雄。我这次下去看到，兰考的群众有革命的要求，有革命的精神。兰考

焦裕禄手迹：拼上老命大干一场，决心改变兰考面貌　焦裕禄同志纪念馆 / 供图

1965 年靳冠山等创作的大型连环画《毛主席的好学生焦裕禄》封面　张庆民 / 供图

没有坏地方！高地改良过的沙地可以种五谷杂粮，还能种果树、泡桐；洼地、沙地可以栽蒲、栽苇、养鱼、种藕;盐碱地不仅可以熬盐、熬碱，而且可以改造成良田。兰考有革命的人民，又有这许多有利条件，只要我们调动起 36 万群众的积极性，抓革命、促生产，兰考的面貌一定能改变！我是爱上这地方了！"

习近平总书记说："人类历史告诉我们，越是困难时刻，越要坚定信心。矛盾并不可怕，正是矛盾推动着人类社会进步。任何艰难曲折都不能阻挡历史前进的车轮。面对重重挑战，我们决不能丧失信心、犹疑退缩，而是要坚定信心、激流勇进。"① 当时，兰考是河南省最苦、最穷、最困难的县，但在焦裕禄这种"革命者要在困难面前逞英雄"的气概面前，兰考哪里是什么"灾区"，分明是一个大有可为的地方。当有的干部在困难面前发出"十二愁"的叹息时，焦裕禄却以大无畏的精神迎难而上，开启了带领全县人民开拓进取、顽强拼搏的进程，最终在重重困难中闯出了一条生路。

---

① 习近平:《携手迎接挑战，合作开创未来——在博鳌亚洲论坛 2022 年年会开幕式上的主旨演讲》,《人民日报》2022 年 4 月 22 日。

"面对严重的自然灾害，我们有革命的胆略"

　　焦裕禄同志经常教育党员干部说，要克服困难，就必须不怕困难，发扬革命精神。面对当时兰考十分严重的自然灾害，焦裕禄同志没有被困难所吓倒，他以共产党人大无畏的英雄气概，创造性地制定了一套简便、易行、实用而又符合规律的治理"三害"方法，最终在重重困难中闯出了一条生路。这种精神，与今天我们所倡导的开拓创新、攻坚克难精神是完全一致的。

——习近平

　　1919 年 7 月，青年毛泽东在《湘江评论》的创刊宣言中，鲜明地提出"六不怕"："天不要怕，鬼不要怕，死人不要怕，官僚不要怕，军阀不要怕，资本家不要怕。"[1] 这是何等的豪气与胆略！中国共产党成立后，

---

　　① 中共中央文献研究室、新华通讯社编：《毛泽东新闻作品集》，新华出版社 2014 年版，第 1 页。

毛泽东把"六不怕"精神带入党内，使其成为中国共产党人大无畏精神的重要组成部分，成为塑造共产党人英雄气概的文化基因。20 世纪 50 年代末 60 年代初，面对严峻的国际国内形势，毛泽东专门安排人编辑了一本《不怕鬼的故事》(人民出版社 1961 年出版)，意在告诉人民："鬼是怕不得的。越怕鬼就越有鬼，不怕鬼就没有鬼了。"① 鬼，当然不是传说中的鬼怪，而是指国际上各种敌视新中国的反华势力，也是指我国发展路上面临的困难和障碍。

焦裕禄就是这种"不怕鬼"精神的践行者。他从参加革命起，就经常面对各种困难，但他从来没有在困难面前低下过头。特别是在他生命的最后一年多，面对兰考严重的自然灾害，他用自己的身心和血汗，为兰考人民绘制了一幅战胜"三害"的蓝图，集中体现了共产党人"不怕鬼"、迎难而上的精神。

曾几何时，兰考这个灾区县，被一些干部视为畏途，称为"栽区县"——谁去谁"栽"在这里。举个例子，焦裕禄担任兰考县委书记后，县委曾打报告给地委，要求调整充实县委班子。这本来是一件再正常不过的人事任命，地委领导先后找了四五位干部谈话，可他们一听说是去兰考，这个说自己身体不好，那个"谦称"自己能力太差，总之都不愿意去。最后，地委领导想了个主意：焦裕禄同志，你自己物色人选吧，你说要谁就直接派谁去。

焦裕禄回复地委说，那就把荥阳的程世平给我派来吧！地委书记处书记赵仲三问焦裕禄："他要是也不愿意去呢？"焦裕禄说："你找他谈吧，我想他不会不来，我了解他。"原来，焦裕禄和程世平很熟悉，用程世

---

① 《毛泽东文集》第八卷，人民出版社 1999 年版，第 51 页。

"迎难而上"是焦裕禄精神的主要内涵之一。图为兰考县焦裕禄精神文化苑内的焦裕禄雕像　中新图片 / 王子瑞

平的话说，自己佩服焦裕禄真诚热情、敢作敢为，两人既是朋友，又是知音。果然，赵仲三找程世平一谈，说地委准备派他到兰考与焦裕禄搭班子，程世平马上表示服从组织安排。就这样，开封地委任命程世平为兰考县委副书记兼县长，与焦裕禄在兰考共同奋斗了 8 个月。

焦裕禄知道兰考是灾区，知道有很多意想不到的困难在等着他。但他"不怕鬼"，有着迎难而上、破解难题的勇气和胆识。上任之初，他通过下乡访贫问苦，做调查研究，初步做到了对兰考灾情心中有数，马上就开始酝酿战胜困难的方法。随后，他立即主持召开兰考县委常委会议，发动大家一起讨论：要改变兰考的落后面貌，首先要解决什么问题。他说："我认为，关键要有一个思想基础，有股崇高的革命热情，还要和群众有浓厚的阶级感情。兰考年年遭灾，别县小灾我县大灾，我们要深入下去，联系群众，调查研究，要抓住主要矛盾。原因找到了，其他问题也可迎刃而解了。"

焦裕禄把自己调查研究的结果，通报给县委其他常委。他把兰考县灾荒归于三大害：第一，风沙打麦子；第二，盐碱地保不住苗；第三，干旱、内涝——旱了浇不上水，下点雨排不出去。他在会上坚定地表态："'三害'不除，民无宁日！我们要下大决心，同'三害'作斗争。"焦裕禄扎实的调查结果和坚定的态度，感染了与会同志，大家的思想都统一到根除"三害"上了。一位干部说："我们兰考就像小孩长时间没见妈妈了，这下好了，妈妈来了，孩子该高兴了。兰考有依托了，兰考有希望了。"

会上，焦裕禄还建议，要尽快成立除"三害"办公室，制订除"三害"的蓝图规划。这些构想很快落实下来，焦裕禄先后抽调 120 多人，组成一个调查组，对风、沙、土进行了大量的调查研究，搞清楚了兰考的风

几十年来，党和国家领导人高度重视学习弘扬焦裕禄精神。图为 2021 年北京鲁迅博物馆《人民呼唤焦裕禄》展"党和国家领导人与焦裕禄"展区　中新图片／陈晓根

向、河流流向，为确立根治"三害"规划奠定了坚实基础。

焦裕禄自己以身作则，深入群众调查研究，亲临一线指导群众抗击灾情，科学规划谋求根治灾情的办法，还时时处处不忘鼓舞兰考干部根治"三害"的信心。1963年4月，兰考县委召开三级干部会议，明确了专人负责抓除"三害"问题。当县委一位领导同志表态要下决心根除"三害"时，焦裕禄插了句话："'三害'不除，死不瞑目！"这句具有震撼力的话，让在场的干部印象深刻。在4天的会议中，县委就根治"三害"问题作了分工、布置，每项问题都落实到了人。

会议结束前，焦裕禄作了总结。他说："我们现在抓住了兰考的主要矛盾——除'三害'，这是我们彻底改变兰考面貌的重大措施。'三害'不除，农业就搞不上去，农民群众就没饭吃。我们要团结一致，步调一致，要把'三害'打得喘不过气来。这样，兰考的人民就高兴了。在除'三害'的斗争中，会遇到许多困难，我们共产党员要知难而上，这才是好党员、好干部。在克服困难时，要想想：这难道比打日本鬼子还难吗？比二万五千里长征还难吗？只要我们的领导有一个坚定的信念，把广大群众的积极性调动起来，相信群众，依靠群众，我们的困难就一定能克服。不联系群众，就一事无成。"

会场上响起热烈的掌声，大家被焦裕禄的革命激情和阶级感情深深感染，全体干部的积极性都被调动起来了。会后，在各级干部的带动下，展开了对兰考风沙、盐碱、旱涝灾害的大普查。通过几十天实地调查，查明了全县的风口、沙丘、沙群等情况。在掌握完整数据的基础上，焦裕禄又带领大家制订了改造兰考大自然的蓝图，规划在三五年的时间内，取得治沙、治水、治碱的基本胜利，初步改变兰考的面貌。

焦裕禄在给开封地委的报告中，饱含感情地写道："我对兰考的一草一木都有深厚的感情，面对着当前严重的自然灾害，我们有革命的胆略，坚决领导全县人民，苦战三年，改变兰考面貌。不达目的，我们死不瞑目。"

焦裕禄常常提到在困难面前，要有"革命的胆略"。什么是"胆略"？"胆"，就是不怕困难，知难而进；"略"，就是实事求是做调查研究，认认真真找出克服困难、解决问题的方法。1963年11月，开封地委组织部副部长程约俊到兰考出差，又见到了焦裕禄。当时，焦裕禄正忙着筹备"群英会"，准备表彰"四面红旗"等先进典型。在兰考县委办公室，焦裕禄向程约俊这位"老兰考"谈起了这里的发展情况，他总结说："兰考灾情这么大，光有不怕困难的精神是不够的，还要有战胜困难的办法。榜样的力量是无穷的。我们正准备开大会表彰树立四个典型。你如有机会，可以到这四个地方去看看。"

程约俊接受了焦裕禄的建议，先后到兰考县委树立的"四面红旗"大队去参观学习。他先到了自己曾工作过的秦寨大队，发现过去盐碱地上"花狗脸"般的农田，已经长满苗壮生长的麦苗；社员们还在剩余的盐碱地上热火朝天地挖坑翻淤压碱。有社员自豪地告诉他："焦书记领导我们除'三害'，我们把'碱害'埋到地下了。"

他去了风沙严重的韩村生产队，还没进生产队就看到社员们割的几大垛青干草。队干部对他说："兰考灾情这么大，国家也有困难，焦书记提倡生产自救。我们这里草多，大家一合计就割草卖。目前购粮款已够，我们可以渡过难关，不要国家救济款了。"

在双杨树大队时，他看到大家正在用生产队刚买的农具搞生产。社员们说："焦书记表扬我们克服困难，坚定走社会主义集体道路，我们要干出个样子来。"

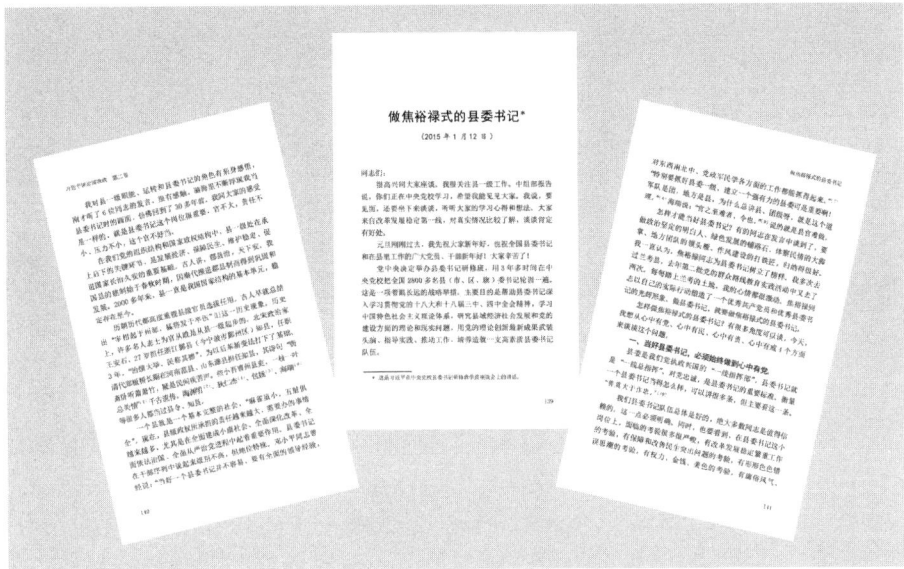

2015年1月12日，习近平总书记在中央党校县委书记研修班学员座谈会上发表讲话，号召全国县委书记向焦裕禄同志学习。后来该讲话以《做焦裕禄式的县委书记》为题被收入《习近平谈治国理政》第二卷

他去曾经涝灾危害严重的赵垛楼大队，参观了大队干部带领群众挖好的多道排水沟。社员们说："焦书记领导我们除'三害'，现在沟渠疏通，再下大雨顺沟排出，水害被除掉了。"

这时候，距程约俊为焦裕禄办调动手续，还不到一年时间！在如此短的时间内把这个全省著名的灾区县治理成这个样子，令程约俊非常钦佩。

习近平总书记号召党员干部特别是领导干部，要"发扬历史主动精神，在机遇面前主动出击，不犹豫、不观望；在困难面前迎难而上，不推诿、不逃避；在风险面前积极应对，不畏缩、不躲闪"①。在焦裕禄身上，我们看到的正是这种中国共产党人传承百年的宝贵品质。这种品质，也正是我们今天开拓创新、攻坚克难的精神力量。

①《筑牢理想信念根基树立践行正确政绩观　在新时代新征程上留下无悔的奋斗足迹》，《人民日报》2022年3月2日。

"怨天尤人不可有，悲观丧气不足取，无所作为不能要"

要变压力为动力，善于在挑战面前捕捉和把握发展机遇，善于在逆境中发现和培育有利因素，夙兴夜寐思改革，废寝忘食谋发展，以昂扬的精神状态和优良的作风带领广大群众迎难而上、锐意改革、共克时艰。

——习近平

　　不管什么人，不管是生活中还是工作中，总会遇到各种困难。在困难面前，有的人消极悲观、被动应付，甚至临阵脱逃；有的人却是毫不畏惧、迎难而上。焦裕禄就是后者。他在困难面前，不仅有大无畏的革命气概，还有一种可贵的革命乐观主义精神。

　　焦裕禄的乐观主义精神，感染了兰考县委一班人，感染了基层干部，也感染了广大群众。这样的精神气质，使兰考干部群众能团结起来，跟着他一起共克时艰。兰考一位老副县长曾说："焦书记好比一瓶红墨水，

"拼上老命大干一场　决心改变兰考面貌"，"活着没有治好沙丘　死了也要看着把沙丘治好"，这些铮铮誓言生动诠释了焦裕禄精神的本质内涵。图为焦裕禄同志纪念馆序厅内景　孙凯／供图

点到哪里，哪里就是红的。我们没说的了，豁上老命也要跟着干。"更有不少干部说："和老焦在一起工作，总觉得他身上有一股子热劲，不断激励着你前进。"

焦裕禄的乐观精神，体现在他平日幽默风趣的为人风格上。和他共事的人都记得，他很善于编"顺口溜"，或者用以弘扬好事，或者用来批评和纠正坏事，当然也可以表达战胜困难的信心。

1954 年，焦裕禄受组织委派，到东北老工业基地学习了两年。在现代化的大连起重机厂里，焦裕禄对一切都感到陌生。实习期间，机械加工车间开生产会的时候，他不知道该说什么；和工人谈话的时候，他只能和大家谈思想，对于生产还是不能谈；车间那些高大的机器，他有的连名字都叫不出来，上面的英文字母更不认识。

面对这些困难，焦裕禄没有退缩，而是把学习作为自己的第一要务。焦裕禄正是凭着这样的精神，用两年时间从一个工业生产的外行，成长为一位懂技术、会管理的大工厂车间主任。

焦裕禄到兰考工作后，在一次会议上说："兰考困难大，这是事实，但我们不怕。'困难像弹簧，看你强不强；你强它就弱，你弱它就强'。人是活的，困难是死的，人能够克服困难，困难压不倒人！"这段随口讲出的顺口溜，生动形象、朗朗上口，很快流传开来，激励了更多干部的信心。

1963 年 2 月，焦裕禄主持召开兰考县委扩大会议。会上，他针对部分党员干部的畏难情绪，领着大家学习了毛泽东的《为人民服务》一文，重点强调了文中关于"我们的同志在困难的时候，要看到成绩，要看到光明，要提高我们的勇气"的论述。焦裕禄给大家讲了如何运用一分为二的观点来看兰考形势，要求大家既要看到困难的一面，又要看到

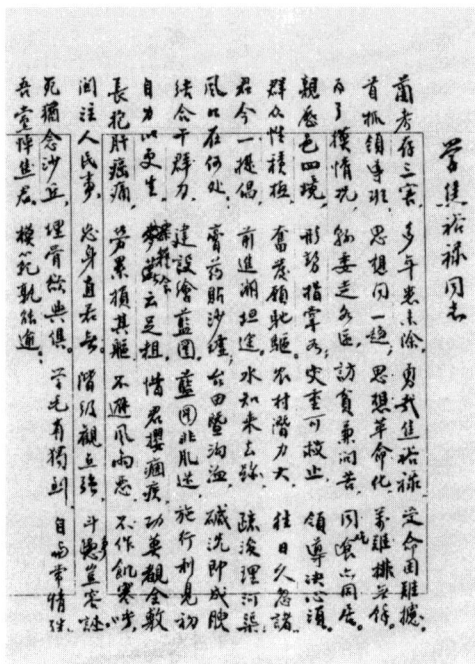

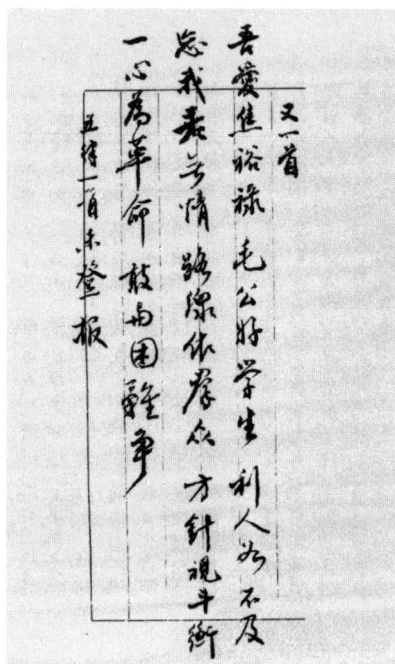

焦裕禄生前常说："兰考是灾区，穷、困难多；但灾区有个好处，它能锻炼人的意志，培养人的革命品格，革命者，要在困难面前逞英雄。"焦裕禄的坚定意志和乐观主义精神感染鼓舞着一代又一代党员干部和群众。图为董必武手稿《学焦裕禄同志》（二首）　焦裕禄同志纪念馆／供图

有利条件。他说："我县虽然连遭几年灾害，给工作增添了许多困难。但是，有党中央和毛主席的英明领导，有36万勤劳的人民，有在座的一批干部，只要我们挺起腰杆，充分发挥人民群众的积极性，再大的困难也能克服。这次大会，要使党员和干部的思想振作起来，敢于迎着困难上。没有抗灾的干部，就没有抗灾的群众。'干部不领，水牛掉井。'只有干部思想解放了，才能领导群众去战胜'三害'。"他要求大家检查总结本部门、本单位的工作情况，开展批评与自我批评，鼓舞斗志，提高战胜困难的信心。

会议的最后一天，是各区领导参加的汇报会。在这个会上，焦裕禄严肃批评了一些同志的悲观畏难情绪。他说："在困难面前，两种人抱两种态度。一种是站起来，斗争过去，越是困难越往前闯，把困难当成前进的动力，克服一个困难就是一个胜利。这样的同志才是好同志。一种人是困难压头，悲观失望，只看到困难，看不到有利条件。他们不相信党，不相信群众，不相信集体经济，干起工作来没有劲头。"这是焦裕禄罕见的严厉态度，一些同志羞愧地低下头。焦裕禄接着说："怕困难，怕革命，不敢斗争，不敢胜利，不是战斗着过，而是得过且过，这是缺乏无产阶级坚定性的表现。一个共产党员有这种思想，那是可耻的。"

焦裕禄还分析了一些同志身上的"中游"思想，即不思进取、不求有功、但求无过的心态。他说："有的人说什么'上游太辛苦，下游打屁股，中游最幸福'，说什么'表扬不表扬没关系，只要不批评就是福气'。这种人的脑子里存在着很多怕字，怕苦，怕紧张，怕犯错误，做起工作来平平常常，不愿动脑筋，不愿动手，不愿学习，重要的会议不记笔记。这种人对下情一知半解，或者只知不解，或者不知不解，人云亦云，信假为真，没有肯定的结论，回答问题总是估计、大概、差不多。这能带领群众改变你那个地区的面貌吗？能治理'三害'吗？这是干革命吗？不！这不是'干革命'，是'混革命'！"

焦裕禄的话，犹如当头棒喝，警醒了一些存在不良思想的同志。讲话结束后，不少同志对照焦裕禄讲的问题检查自己的思想，清理悲观畏难情绪。兰考基层干部战胜困难、根除"三害"的信心，被焦裕禄激发出来了。

1963 年夏，兰考县干部群众经过几个月的奋斗，麦子长势喜人。连年遭灾的兰考人，多么盼望有一个好收成，来一个丰收年啊！兰考县委宣传干事刘俊生，开始构思写一篇通讯报道，拟定的题目是"兰考人民满怀信心迎双夏"，拟以此来鼓舞激励兰考人民的信心。

然而，5 月 18 日夜开始，一场连下七天七夜的暴雨突袭兰考。兰考人民就快收到手的麦子和其他庄稼，顿时被淹没在一片汪洋之中。兰考干部群众几个月的期盼，眼看就要化为乌有。有的人看到这番景象，不忍直视，回家蒙头大睡起来；不少群众面对一片泽国，放声痛哭起来……

焦裕禄连夜冒雨出来察看汛情，思考救灾的办法。在县委大院门口，他正巧碰见下乡回来的刘俊生，就赶忙问："这场雨下得咋样？田野里积水多不多？"刘俊生摇摇头，叹着气说："这场雨百害无一利，一片片的麦子，一块块的秋苗淹得真心痛啊！"焦裕禄看出他的悲观情绪，说道："对待困难不能那样看法，这场狂风暴雨打毁了一部分麦子，淹死了一部分秋苗，这是一件坏事。但也有好的一面，它迫使我们认识积水情况，督促我们挖河排涝。如果趁着遍地积水的时候，去观察水的流势，就可以看出排水出路，这就为我们提供了治理内涝的可靠资料。这不是'百害无一利'，而是'害中有利'。"

第二天，天还没亮，焦裕禄就召集县委班子成员，对救灾工作作出部署，决定县委领导分别下乡指导救灾。焦裕禄也带上刘俊生等几位同志，冒着大雨下乡察看庄稼受淹情况。他们每过一个村子，都会进村看看社员的住房，并特意观察一下群众的情绪，询问往年洪水排泄情况。在城关公社一位生产队队长家，焦裕禄详细询问了那里的情况。那位队长哭丧着脸说："愁死人哪！我这个队长是当不下去了！"焦裕禄清楚，这位队长的情绪，其实代表了大部分社队干部的思想状态。

焦裕禄安慰了这位队长一番，带他一起去参加城关公社召开的防汛抗灾现场会。会前，焦裕禄让刘俊生也参加会议，给《河南日报》写篇报道，并特别交代初稿自己要看。刘俊生有些为难了，他原来构思的报道被突如其来的大水"冲走了"，现在灾情如此严重，干部情绪普遍不高，这报道该怎么写呢？总不能把"愁死人了"这样的话写给报社吧？刘俊生没想到，焦裕禄在会上的一番话，为他写报道打开了思路。

焦裕禄对大家说："遭灾以后，有些干部躺倒了，不干了，有的抱头痛哭，哭能不能解决问题？如果哭能解决问题，来！我带头趴那儿哭，呜——"焦裕禄学了一声哭腔，干部们轰的一声大笑起来。会场的气氛活跃了，干部们的表情没有那么沉重了。看到这些，焦裕禄又说："哭，是懦夫思想，是无能的表现。"

接着，焦裕禄话锋一转，讲到了干部如何对待困难的问题。他说："我们干部对待困难，一是不怕，二是顶着干。怨天尤人不可有，悲观丧气不足取，无所作为不能要！我们应该从困难中看到光明，从不利中看到有利。我认为城关公社形势很好，办法不少，前途光明，只要大家拧成一股绳，团结抗灾，一定能战胜灾荒……"

焦裕禄的话犹如初生的旭日，驱散了笼罩在干部们眉间心头的愁云惨雾。到讨论的时候，与会者都不再愁眉不展、低头不语，而是一组比一组热闹，发言的人一个比一个声音高。大家纷纷表示，有信心和办法战胜水灾，把被大水冲走的损失，通过别的方式补回来。很快，干部的决心转化成群众的行动，兰考群众在干部的带领下，走上田间地头，开展抗灾减损工作。

刘俊生受到这种氛围的影响，心情十分激动。他根据焦裕禄讲话的主题思想，只用了两三个小时就写出一篇《城关公社运用有利条件开展抗灾斗争》的通讯稿。稿子写好后，焦裕禄看了看，高兴地说了一句："好！发吧！"几天后，这篇报道发表在《河南日报》。对正在遭受水灾的兰考干部群众来说，这样的报道既是鼓舞激励大家的干劲，又为大家提供了抗灾的经验和方法。

"出了问题咱俩负责，我负主要责任"

我们学习和弘扬焦裕禄精神，就要像焦裕禄同志那样，始终保持一种敢做善成的勇气，保持一种逆势而上的豪气，不怕矛盾复杂、不怕任务艰巨、不怕责任重大，敢于挑起重担，敢于克难制胜，敢于奋勇争先。

——习近平

1962 年 6 月，焦裕禄回到离开多年的尉氏县，担任县委副书记。他一放下行李，就找第二书记、县长薛德华谈了起来。他们是尉氏土改时的老同事，所以谈话也非常推心置腹。

焦裕禄表示，自己离开尉氏多年，情况发生了新变化，这次回来有点担心，怕工作搞不好，上对不起党，下对不起全县人民。薛德华开诚布公地说："老同志都走完了，只有我一个人啦。现在年年搞运动，基层干部不愿干，群众生产生活有困难。加上自然灾害，群众吃不饱，农村

焦裕禄在尉氏担任县委副
书记期间，《河南日报》发
表的关于尉氏县的三篇报
道。这些报道稿件都经过
焦裕禄修改　焦裕禄同志
纪念馆 / 供图

困难大。我在尉氏工作这么长时间，没把工作搞上去，心里感到不安哪。再说，尉氏、通许两县才分开，人员少，工作忙不过来，你回来了很好，能加强县委的领导，我非常高兴。"

焦裕禄思考了一下说："农村工作困难大不是一个县的问题。我认为农村一是政策问题，二是干部问题。大多数干部是好的，是努力工作的。年年搞运动，整干部，挫伤了基层干部的积极性。但有极少数干部腐败，非整不可，不过是打击的面宽了些。'干部不领，水牛掉井。'群众有什么办法呢？在政策上什么都大办，负担太重，挫伤了积极性。因此，要想把工作搞上去，一是把干部的积极性调动起来，二是把群众的积极性调动起来。把两个积极性都调动起来，工作就会搞上去。"

这里还有一个小插曲，当时尉氏县委第一书记是夏凤鸣，第二书记、县长是薛德华。可开封地委的介绍信上却说："焦裕禄同志任中共尉氏县委副书记（名列薛德华同志之前）。"夏凤鸣有些摸不着头脑，赶忙打电话请示地委问明情况。地委明确答复说："对焦裕禄同志这样的安排是合适的。以后县委只设一个书记，其余都是副书记。"后来，同志们因为焦裕禄的书记排名位于第一书记和第二书记之间，就开玩笑称他为尉氏县的"一点五书记"。夏凤鸣说，这样称呼焦裕禄，还有另外一层意思，那就是他工作起来能顶一个半人。

焦裕禄和班子里的同志密切配合，尉氏县的工作很快就有了起色。当时，薛德华正想抓一下城里合作店组的整顿工作。原来，尉氏的合作店组是人民公社化高潮中按行业合并在一起的，一个行业组成一个核算单位，各个店组干好干坏一个样，不利于发挥广大职工的智慧和积极性。经过调查研究，薛德华想把以行业为核算单位改为以店组或门市部为核算单位。但是，当时推行这样的措施困难很大，有一定的风险和阻力。

薛德华想来想去，决定与焦裕禄交换一下意见。焦裕禄听完后，站起来把手一挥说："我认为这样做既符合实际又科学，不要等县委讨论了。你搞吧，出了问题咱俩负责，我负主要责任。"有了焦裕禄的支持，薛德华按照自己的构想干开了。实践证明，这项措施的效果很好，后来还受到地委的表彰。

在尉氏期间，焦裕禄还遇到过一些更加错综复杂的问题，但他都迎难而上，将其一一破解了。1962年7月底，尉氏县一带阴雨连绵，县境内的贾鲁河河水猛涨。这样一来，位于贾鲁河上游的尉氏县南曹公社，和位于下游的鄢陵县王庆公社，发生了纠纷。由于这场大水，两县之间存在多年的土地和水利纠纷问题，再次凸显出来。上游的尉氏农民要放水，下游的鄢陵农民要堵水。双方各不相让，冲突一触即发。

当时正值三年困难时期，尉氏、鄢陵两县的县委领导为了顾全大局，稳定民心，商量出一个解决办法：两县各派一位负责人，带着有关部门的同志去实地察看，现场协商，解决问题。尉氏县把这个复杂的艰巨任务交给了以善于调查研究、解决难题著称的焦裕禄。

　　焦裕禄带着尉氏县有关部门的干部，挨家挨户访问群众，多方了解纠纷的实情。经过详细的调查，焦裕禄查清两县边界的历史沿革和现实情况，同时意识到本县部分群众存在"上游压下游、水往洼处流"的错误观念，甚至跟着他调查的一些本县干部，也有严重的地方本位主义。

　　查清事件的起因后，焦裕禄立即召集社队干部、党员和民兵骨干开会。他根据自己了解到的事实，教育大家要识大体、顾大局，在关键时刻要经受得住考验，树立全局观念，遵守习惯边界。同时，他批评了个别同志的地方本位主义，要求尉氏县的党员、干部和群众绝不能乱放水，不能随便放水，给下游兄弟县的群众造成危害。

　　焦裕禄统一了尉氏干部群众的思想后，又去与鄢陵县委书记马祖堂等同志协商。由于焦裕禄制止了尉氏干部群众要放水淹下游的错误做法，很快就得到了鄢陵县干部的谅解，两县达成了"两县合作、携手改道，将水放入河内"的协议。然后，焦裕禄又让两个县的人民武装部部长一起商定，在水淹区建立两县民兵联防制度。这样一来，这个困扰两县干部群众多年的"老大难"问题，得到了彻底解决，而且解决得很顺利。当地群众说，焦书记真有办法，真是快刀斩乱麻！

　　不久，到了秋收大忙时节，焦裕禄又遇到了一个棘手问题。尉氏县的靳村、鄢陵县的马庄、扶沟县的小岗杨这三个位于三县交界处的大队，发生了林地纠纷。三个县的农民群众为了争夺林地，先是唇枪舌剑，继而拳脚相加，然后各自"齐集兵马"，一场后果不堪设想的械斗眼看就要发生。尉氏县委得到这个消息后，立刻召开了常委会，研究制止械斗、平息纠纷的良策。夏凤鸣书记提议，还是由焦裕禄前去解决这个问题。

　　原来，纠纷的起因由来已久。1938年，国民党军队扒开黄河口，制造了危害人民的黄泛区，贾鲁河的一片河滩变成了寸草不生的沙地，一

焦裕禄在尉氏县工作时引进的架子车被称为"中原小火车"。图为兰考人民用架子
车搬运淤泥封沙丘时的场景　焦裕禄同志纪念馆 / 供图

直没有人耕种。新中国成立初期，尉氏县南曹公社靳村大队的农民响应政府号召，积极开展植树造林活动，在河滩上栽了1500亩柳树。几年后，沙地荒滩上绿树成荫，飞沙被固住了，逐渐也可以在树行里种庄稼了。

可是，这片地在黄河决口以前，一直归靳村、马庄和小岗杨三个大队所有。马庄和小岗杨的农民看到靳村改造荒滩成功，农民的收入增加了，就想收回原来曾属于本大队的土地。靳村的干部群众则认为，这个地方是自己流汗开垦的，经过多年努力才把荒滩变成自己的"聚宝盆"，当然舍不得归还了。于是，分属三个县的三个大队起了纠纷，一直没有得到解决。三个大队之间因矛盾激化，甚至发生过抢收河滩地高粱的事件。

焦裕禄搞清事情原委后，先带领一个工作组，分别同扶沟、鄢陵两县的领导同志进行联系沟通。然后，他带着蔡庄区党委书记张庚寅和南曹公社党委书记胡金生一起前往靳村，与社员协商解决这个纠纷。土改时期，张庚寅是焦裕禄最早发动起来的农民，还曾是他的房东，焦裕禄一直管他叫哥。焦裕禄把大家召集起来后，耐心地对他们进行了说服教育，要求大家顾全大局，发扬共产主义风格，不能只顾小团体的利益。在统一了干部的思想后，焦裕禄又要大家和他一起去做群众的工作。

在田间，焦裕禄一边和农民一起锄地劳动，一边做大家的思想工作。他引导大家回顾土改时期团结起来斗地主、闹翻身的往事，教育大家"天下农民是一家"。他说："马庄很穷，是蒋介石扒开黄河，才把他们的土地冲坏了。他们是我们的阶级兄弟。共产党和人民政府领导我们植树造林、改良土壤，增加了农业收入。我们翻身过上了好日子，可也要让马庄、小岗杨的阶级兄弟过上好日子。"

焦裕禄耐心而又入情入理地做思想工作，提高了靳村群众的觉悟；

同时，他也让农民们懂得土地所有权是一个法律问题。当然，能做通大家的思想工作，也少不了焦裕禄的人格魅力。毕竟他曾是在这里领导土改的老领导，当地干部群众相信他、服气他。最后，在焦裕禄的劝说下，靳村的干部群众发扬了共产主义风格，将荒滩上的林地无偿地划拨给马庄、小岗杨村 700 多亩，合情合理合法地彻底解决了这个问题。

焦裕禄到兰考工作后，遇到一个更加复杂的纠纷。1962 年 5 月的大水给兰考人民造成了很大损失。1963 年 7 月，焦裕禄组织的调查队在查河流流向时，发现了兰考积水的原因所在。原来，兰考的地势西高东低，一遇大雨，水就会向东流。历史上，河南兰考与邻近的山东曹县交界处，有几处重要的泄水口。这样，就形成了兰考洪水借山东之路入海的自然流势，可这样会给山东造成"客水"之患。后来，山东在两省边界处修筑了一个太行堤水库。这样一来，山东的"客水"之患没有了，兰考的洪水却排不出去了。

原因查明后，个别兰考干部提出，干脆发动几万群众，来个突然袭击，挖开太行堤，把兰考的洪水排出去。焦裕禄立刻制止了这种过激的做法，他开导有这种想法的干部说："不能那样做，不能让水害搬家。借山东之路，放水入海是可行的，但两地要协商好，叫人家有准备。"有个别同志对此有疑虑，他们说："山东、河南是两个省，你跟人家协商，人家会听吗？"焦裕禄耐心地解释："有党中央、毛主席领导，虽说不是一省，也可以遵循统一协作治水的方针，把利害关系向对方讲清，我想能够解决。"

当然，这毕竟是涉及两个省的事情，焦裕禄按照组织程序上报了，一直报到水利水电部。1963 年 11 月 28 日至 12 月 2 日，在水利水电部的主持下，河南、山东两省，开封、菏泽两地区，兰考、曹县两县，进

反映焦裕禄事迹的绘画《榜样的力量是无穷的》（鲁迅美术学院师生集体创作） 焦裕禄同志纪念馆 / 供图

行了入情入理的协商。最后，由水利水电部主持，两省达成了《关于兰考县与曹县拆除太行堤阻水工程的协议》，决定拆除太行堤的所有阻水工程。

协议签订后，焦裕禄问一位负责拆除阻水工程的领导，要多久才能完成这些工程。规划者说，需要一年半的时间。焦裕禄急了，问时间能否短一点。对方说，这是经过详细测算的结果。焦裕禄说："你想一想，水不是漫地流，是顺着坡凹流的。咱们再去看一看，在低凹处顺着水势扒一些口子，少做些工程，也许两三个月就能完成。"

在焦裕禄的坚持下，规划者和他一起重新做了一次现场勘察，双方统一了认识，认为工期是可以提前的。工程方案确定后，焦裕禄和兰考县委组织了两万多群众，参与拆除、平毁阻水工程。要解决兰考的积水问题了，群众热情高涨，仅用了 37 天，就完成了工程作业，恢复了水的自然流势。至此，曾经困扰兰考、曹县多年的水利纠纷，得到了彻底解决。

"兰考人民多奇志，敢教日月换新天"

"为官避事平生耻。"干部就要有担当，有多大担当才能干多大事业，尽多大责任才会有多大成就。不能只想当官不想干事，只想揽权不想担责，只想出彩不想出力。县一级领导要谋几十万、上百万人的改革发展稳定大计，管千头万绪的事务，这个舞台足够大。

——习近平

鲁迅先生说："我们从古以来，就有埋头苦干的人，有拼命硬干的人，有为民请命的人，有舍身求法的人……"鲁迅先生称他们为"中国的脊梁"，赞誉他们的"有确信，不自欺""前仆后继的战斗"。焦裕禄就是"中国的脊梁"中当之无愧的一员。他怀着对党的无限忠诚、对人民的深厚感情，来到被普通干部视作畏途的重灾区兰考，干出了一番改变兰考落后面貌的事业。他有大无畏的英雄气概，但他不是个人英雄主义者，而

李颖、张仁芝创作的素描《兰考人民多奇志，敢教日月换新天》（局部）
焦裕禄同志纪念馆／供图

是一位善于激发出干部、群众雄心壮志，带领大家一起干事创业的英雄。

焦裕禄刚到兰考的时候，部分干部被灾害压住了头，害怕困难，更害怕犯错误，对改变兰考面貌缺少信心，少数人甚至在想方设法调离兰考，而许多受灾的群众，却在等待救济……

面对这样的状况，焦裕禄想："群众在灾难中两眼望着县委，县委挺不起腰杆，群众就不能充分发动起来。'干部不领，水牛掉井'，要想改变兰考的面貌，必须首先改变县委的精神状态。"

夜晚焦裕禄翻来覆去睡不着，就起身去找另一位县委领导谈心。两人一直谈到深夜，最后得出一个共同结论：改变兰考面貌的主要问题，关键在于县委领导核心的思想改变。除"三害"首先要除思想上的病害；特别是要对县委的干部进行抗灾的思想教育。不首先从思想上把人们武装起来，要想完成除"三害"斗争，将是不可能的。正如焦裕禄所说，"没有抗灾的干部，就没有抗灾的群众"。

几天后，又是一个寒冷的晚上，焦裕禄带领所有在家的县委委员，去火车站候车室看外流的人群，激发大家的阶级感情。火车站里那些衣衫褴褛、拥挤不堪的外流灾民，无疑是把大家震撼了。午夜时分，回到县委会议室后，大家都心情沉重、发言激动，一致表示：今后要齐心协力，带领群众改变兰考面貌，为党争光，为人民造福。

焦裕禄曾说过："学习《为人民服务》，要学会像张思德那样全心全意为人民服务；学习《纪念白求恩》，要学会像白求恩那样树立爱国主义和国际主义思想；学习《愚公移山》，要学会像愚公搬山那样除掉兰考的'三害'。"1963年1月上旬，焦裕禄组织县委一班人学习毛泽东的这三篇文章，并引导大家回忆兰考的革命斗争史。焦裕禄谈到，战争年代，兰考的党组织是无愧于党和人民的，先后有9位区长、数百名同志壮烈牺牲在这里，为兰考解放流尽了最后一滴血。他感慨道："兰考这块地方，是同志们用鲜血换来的。先烈们并没有因为兰考人穷灾大，就把它让给敌人，难道我们就不能在这里战胜灾害吗？"

焦裕禄表示，现在兰考的困难局面，正是需要我们为人民服务的时候，不然就对不起党，对不起烈士，就会辜负了人民对县委、对党的期望。为人民服务不是抽象的理论，不是空洞的口号，而是具体的行动。对现在的兰考来说，就是要带领人民战胜灾难。

经过学习毛泽东著作和革命传统教育，县委一班人提高了认识，统一了思想，增强了带领全县人民改变贫穷落后面貌的干劲和信心。古人说："志不立，天下无可成之事。"焦裕禄到兰考才一个月，就成功激发出县委一班人改变兰考面貌的雄心壮志，使兰考县委一班人思想齐，动作齐，成为一个带领兰考人民改变落后面貌、改变贫穷命运的坚强核心。

焦裕禄深知，理想和规划并不等于现实，兰考"三害"为害已久，要战胜它们，必须进行大量艰苦细致的工作，把全县干部、群众团结起来一起干，才能把它们从兰考土地上彻底驱走。县委一班人的思想统一了，还要把社队干部和群众的斗志也激发出来。焦裕禄深入群众开展调查研究的过程，也是激发基层干部、群众斗志的过程。

1963年4月，焦裕禄到陇海铁路以南查看那里的盐碱地情况。过了铁路，就是一大片盐碱地。焦裕禄把自行车放在一边，蹲下身子捏了一撮土，放在嘴里尝了尝说："好家伙，真咸啊！里面含盐就是多，怪不得地里连根茅草都不长。种了庄稼，别说不出苗，就算长出来，也会腌成咸菜。"他把这种辨识盐碱地的方法告诉同行的李中修。他们根据这个方法，连续尝了五六块地里的盐碱，并一一分了类。

在前往郭庄大队的路上，焦裕禄还是一路走一路看。在郭庄的一块

焦裕禄病逝后，在他枕头下面发现的《毛泽东选集》和《论共产党员的修养》 焦裕禄同志纪念馆 / 供图

地里，他又停了下来。李中修不知他又发现了什么，就跟着下了车。原来，焦裕禄在一块地势较高的地方，发现了几棵棉花。焦裕禄说："这几棵棉花长得不错！为什么别处不长，单单这里长呢？"他说着，蹲下身子，捏了一点土放在嘴里尝了尝，然后问李中修："中修，为啥这地方盐碱少呢？"李中修看了看说："因为这里地势高，盐碱爬不上去。"

焦裕禄把这件事记在心里了。到了城关公社金营大队，焦裕禄就提出在盐碱地上试种棉花的办法。可是大家被盐碱地吓怕了，当地个别干部仍旧信心不足。焦裕禄耐心地说："革命嘛，就得敢闯。成功了，有经验，失败了，有教训。只有敢闯，才能从困难中杀出一条路来。"在焦裕禄的耐心说服和支持下，金营大队干部、群众搞了多次实验，创造了"开沟、压碱、施窝肥"的种棉方法。当年种植1000多亩棉花，获得了好收成，秋后向国家交售皮棉1.4万斤。在焦裕禄的激励下，金营大队为兰考人盐碱地上种棉花闯开了一条路。

当时，正在开展社会主义教育运动。焦裕禄为了把开展运动和除"三害"斗争结合起来，就让县委宣传部组织力量，把旧社会人民群众的苦难家史写出来，画上图，编成书，发给兰考群众，以便更好地教育群众。这件事，兰考历史上还没人干过，有人流露出畏难情绪。

焦裕禄说："你们读过鲁迅先生'俯首甘为孺子牛'这句名言吗？我们要做革命的牛、人民的牛，就得有一股干劲。牛原来不会拉套，把头低下去就会了。我们干工作，不会的，钻进去，下死劲干，没有干不成的。"在焦裕禄的鼓励下，县委宣传部会同县文教局、文化馆的同志，仅仅用了半个月时间，就编写出《红梅冤》和《公审郭富荣》两本书，还编印了一本《社会主义教育运动参考材料》。这些书编好后下发，在全县产生了很好的教育作用，更加激励了兰考人民改天换地的斗志。

焦裕禄相信人民群众的力量。他知道，只要把群众发动起来、组织起来，把群众的积极性调动起来，群众就会迸发出巨大的力量。前面说过，他在兰考树立了"四面红旗"，对战胜"三害"起到了示范和引领作用。此外，对群众中出现的一些好人好事，他都及时予以表彰肯定，让群众从中受到鼓舞。

1963年7月，焦裕禄到胡集、老韩陵一带检查保护林木的情况，在路上还不断询问公社书记，当地的林木保护得怎样。在胡集大队，他看到一位妇女抱着一个三四岁的孩子，就热情地上前打招呼。他抱起孩子，故意逗他说："小朋友，给我掐一个桐叶好吗？"孩子马上从他怀里挣脱出来喊着："不，妈妈打，人家罚钱！"在老韩陵大队，有三位十几岁的孩子，一个叫张二宝，一个叫张根生，一个叫张根纯。为了守护林木，他们在地里搭起一个草棚子，住在那里，日夜守护泡桐林。焦裕禄赞誉他们是"护林小英雄"，让县里宣传他们的事迹，让更多的人向他们学习。

1964年春节刚过，焦裕禄把宣传干事刘俊生叫到办公室，安排他去河南日报社汇报一下兰考除"三害"的情况，看能否发篇报道，给兰考人民再鼓鼓劲。不久，河南日报社就给了答复，同意给他们出一个专版，可以多发一些文章，并特别提出要县委书记写一篇。刘俊生向焦裕禄汇报了报社的意见，大家都很高兴。焦裕禄主持召开了一个骨干通讯员会议，让刘俊生传达了报社的意见，并作了一番鼓动，大家各自认领写作任务。最后，焦裕禄说，县委的文章，由我来写。我想写的题目是"兰考人民多奇志，除掉'三害'保丰收"。说完，他停顿了一会儿又说，还是把题目改成"兰考人民多奇志，敢教日月换新天"吧！

然而，焦裕禄的身体已经不行了。当刘俊生到他办公室请示稿子是否写完时，他正在因肝病而痛苦不堪。他对刘俊生说："俊生呀！看样子，

焦裕禄亲自命名的三位"护林小英雄"　焦裕禄同志纪念馆／供图

这篇文章我完不成了。我的病越来越严重，肝部这一块硬得很，疼得支持不住……"刘俊生呆呆地望着桌子上的稿纸，上面写着文章的题目"兰考人民多奇志，敢教日月换新天"，下面已经列好了四个小标题：

一、设想不等于现实。

二、一个落后地区的改变，首先是领导思想的改变。领导思想不改变，外地的经验学不进，本地的经验总结不出来，先进的事物看不见。

三、榜样的力量是无穷的。

四、精神原子弹——精神变物质。

这篇凝结着焦裕禄心血、充满焦裕禄对兰考人民无限热爱的文章，刚刚开了个头，最终没有完成。但是，它却体现出焦裕禄的愿望：兰考人民是多"奇志"的，兰考人民改变落后面貌的志向一定会实现。焦裕禄去世后，兰考人民没有辜负他的期待，按照他的部署和要求，用最新最美的文字，续写好了这篇改天换地的大文章。

第五章　无私奉献

"不能做群众不欢迎的事，
不能违反群众纪律"

焦裕禄同志生活简朴、勤俭办事，总是吃苦在前、享受在后。他的衣、帽、鞋、袜都是拆洗多次，补了又补、缝了又缝。他严守党纪党规，从不利用手中权力为自己和亲属谋取好处。

——习近平

焦裕禄从参加革命那一天起，就和"清廉"结下了不解之缘。不管在什么岗位上，他都是干干净净做人，清清白白做官，从不占公家一点便宜，从不收一分钱礼物，从不利用权力搞一点特殊化。

1950 年初，焦裕禄在尉氏主持土改训练班。当时，唐发尧负责训练班的伙食。一天，有只黑狗窜入学员的食堂，把炊事员蒸馒头用的面头叼走了。炊事员把这件事汇报给焦裕禄，焦裕禄一边安排炊事员赶紧做饭，一边给大家解释，总算没耽误上课。一些年轻的学员很生气，第二天夜里，他们把偷吃的狗堵在厨房，乱棍打死，把狗肉吃掉，剩下的悄悄埋了。焦裕禄知道后，很严肃地批评了他们："你们这样做，太不应该了，不但打死了狗，还吃它的肉。这实在是不受群众欢迎的，这是违反群众纪律。'三大纪律、八项注意'，你们是怎么做的！今后，我们要记住这个教训，不能做群众不欢迎的事，不能违反群众纪律……"

虽然职务有了提升，但焦裕禄始终没有忘记群众纪律，始终严格要求自己。他在尉氏县工作的时候，有一次，尉氏展览大红薯，展览会结束以后，有块红薯快坏了，通讯员给他送来了，让他吃，他称了称，给了钱，给了粮票才收下。徐俊雅的嫂子许书贤说："看你那耿直劲儿，人家是送来展览的，展览了坏了不可惜？吃了就算啦！谁还在乎那点钱和几两粮票？"他说："哪能这样说，这是人家社员吃了多少苦，流了多少汗，一挑挑水浇出来的，辛辛苦苦种出来的，多不容易呀！咱咋能平白吃人家的东西？"

许书贤的儿子原本在城里工作，1962年响应党组织"大力支援农业"的号召，申请下了乡。焦裕禄到尉氏县工作后，许书贤夫妇想请他帮忙，调回县里工作。他们不敢直接找焦裕禄，只好请徐俊雅从中说合。

不久，徐俊雅向许书贤转达焦裕禄的意见。她告诉嫂子："老焦说了，支援农业第一线，是党和国家的需要，农业上需要知识。孩子申请回来，立志搞农业，做得对，有志气，农业是大有干头儿啦！你们可不要拉他的后腿呀！现在国家安排人员是有计划的，把自己的孩子安置上，把人家的孩子踢掉，我是县委书记，我不能带头违反政策。你们不通，我可以说服你们；孩子不通，我可以说服孩子。"

焦裕禄上有老人，下面孩子多，家庭生活比较困难。1962年秋末，别人都穿上了棉衣，可焦裕禄和孩子们仍然穿着单衣。尉氏县委的同志

徐俊雅和孩子们在焦裕禄的追悼会上　焦裕禄同志纪念馆／供图

不忍心他们受冻，就由办公室的同志代焦裕禄写了个申请书，到县纺织品公司给他批了 50 尺布票。

但是，当一位同志把布票送到焦裕禄家的时候，他坚决不收，并批评那位同志说："你们怎么能这样做呢？国家经济困难，我们当干部的应当带头为国家分忧解难，不能多占供应物资。这个政治账我们要算好。共产党员宁可忍得一时寒，免得百日忧。"最后，那位同志只好又原封不动地把布票退给了县纺织品公司。

焦裕禄调到兰考工作的任命下达后，尉氏县委的同志们给他开了个座谈会。会上，当大家问他生活有什么困难、家属有啥问题需要解决的时候，焦裕禄说："感谢同志们的关怀，我啥困难都没有，只求同志们对我的工作多提意见。"其实，大家朝夕相处了半年多，对焦裕禄的家境都很清楚。尉氏县委的同志们知道兰考风沙大，又时值寒冬，可焦裕禄同志连件像样的棉衣都没有，这让他怎么度过兰考的寒冬呢？于是，大家一致提议，给焦裕禄做一套新棉衣。

可是，同志们还是觉得有些为难，因为前不久焦裕禄才退回了给他的布票，这次他可能还是不会收。最后，县委常委会专门作出给焦裕禄同志做棉衣的决定，由县委第一书记夏凤鸣亲自向焦裕禄"传达"。夏凤鸣找到焦裕禄说："老焦，你家庭困难，同志们都知道，现在已是深冬，你还没穿上棉衣。县委常委会研究决定给你做一套新棉衣。"焦裕禄笑着说："夏书记，同志们的心意我领了，可这个决定我不同意。冬季，我可以扛过去，请同志们放心。"夏凤鸣见他态度坚决，偏脾气也上来了，就这事儿专门请示了地委。地委负责同志很干脆地说："你们县委做得对，要尽快办好。"

可是，新棉衣做好了，焦裕禄已经去兰考了。最后，尉氏县委派人把棉衣送到兰考，并且写了一封信，告诉他这不仅是县委常委的决定，而且地委领导已经批准了。焦裕禄看到信后说："既然是组织上的决定，我服从。我表示衷心的感谢。"

焦裕禄在尉氏县工作时，由于家庭负担重，曾在县委机关储金会借了137元现金。他在即将到兰考县委工作时，这笔钱还没有还上。后来，经县委领导和福利部门研究，决定用集体福利款替他还这笔欠款。焦裕禄知道后，婉言谢绝了同志们的好意。他说："自己有困难，自己设法解决，不能占公家的便宜。"他到兰考不久，就如数汇来137元，分文不少地还了这笔欠款。尉氏县的同志知道后，纷纷说道："焦书记真是一尘不染的好干部。"

焦裕禄不仅拒绝组织上的救济，更是坚决反对对他的特殊照顾，而且会严厉批评那些企图照顾他的人。有一年冬天，尉氏县一个公社干部给他家送来一些花生。孩子们放学回家后，看到桌子上放着一堆花生，自然非常高兴。大女儿焦守凤赶忙问外祖母："花生是哪里弄来的？"外祖母指着那个送花生的干部说："是跟你爸爸谈话的那个叔叔送的。"焦守凤过去一听，敢情爸爸正在严肃地批评那个干部。结果，焦裕禄硬是让那位干部把花生带走了。几个孩子尽管看着花生眼馋，可最终谁也没有吃到一粒花生。

尉氏县袁庄大队的袁平，是一位新四军老战士，后来参加过淮海战役，负伤后转业到尉氏县水利局工作，1962年回乡参加农业生产。袁庄大队是焦裕禄在尉氏工作时驻队的定点村，焦裕禄经常去那里和农民一起劳动。焦裕禄和农民的感情特别深，相互之间无话不谈，相处得就像一家人。作为村里的"老革命"，袁平也和焦裕禄交上了朋友。

这一年，袁庄大队的西瓜长得特别好。西瓜收获后，社员们觉得这瓜得让焦裕禄他们这些驻队干部尝尝。大家一商量，就派袁平给县委送瓜。当时焦裕禄不在，县委办公室的同志就把西瓜收下了。可没过多久，办公室的同志又找到袁平，要他把瓜拉回去。

袁平一听就生气了，直接跑到焦裕禄家里，给他说明这是集体的决定，希望他能够把瓜收下。可是，就算他说破嘴皮，焦裕禄也不肯收。袁平生气地说，这瓜是我个人的瓜，送给你尝尝，这总可以了吧？焦裕禄却说："集体的不能收，那是群众劳动的血汗；你个人的更不能收，因为是你的劳动果实，当干部的不能占群众一点便宜。"

袁平见焦裕禄的几个孩子围上来了，当场用刀切开一个大西瓜，塞到孩子手里。谁知焦裕禄竟铁青着脸，从孩子手里把瓜给夺过来，并教育孩子说："你没有为集体劳动，怎么能吃集体的瓜！"袁平说："咋着，焦书记？孩子没劳动不能吃，你不是在俺村劳动了吗？"焦裕禄笑嘻嘻地说："我为集体劳动是应该的，是党对我的要求，我决不能占集体的光。"不过，焦裕禄见西瓜都切开了，袁平也没办法带走，就掏出钱给袁平。袁平更生气了，他把钱扔在地上就走了。但焦裕禄后来还是让人把钱给袁庄大队送去了。

在焦守凤的记忆中，谢绝别人送礼是父亲的人生准则。1963 年春节前夕，兰考县委派人给他家送了几斤肉。焦裕禄马上问："人人都有一份吗？"那位同志说："春节快到了，书记们工作忙，顾不上买肉。这是特意照顾几个领导的。"焦裕禄立即婉言谢绝说："我家已经买好肉啦，请送给没有买好肉的同志吃吧！"

1962 年 12 月，焦裕禄刚到兰考搞调研时，看到几个大坑，觉得可以养鱼。后来，当地干部采纳了他的建议，真的把养鱼场办了起来。后来，焦裕禄还时常抽空去养鱼场看看，了解一下村民养鱼的情况。半年

焦裕禄亲民爱民、艰苦奋斗、科学求实、迎难而上、无私奉献，因此
深受兰考人民爱戴。图为兰考人民为纪念焦裕禄而树立的革命烈士纪
念碑　佚名 / 供图

后，鱼都已经长到一斤多了。养鱼场的职工想到焦书记的关怀，感到有些过意不去，就让人给他送了十几条鱼。大家担心焦裕禄不收，就趁他不在家的时候，让人把鱼送了过去，说了一句："焦书记为渔场没少操心，让他尝尝鲜吧。"说完，把鱼倒在盆里，转身就走了。

焦裕禄回家后，问明了情况，就对一边捞鱼一边嚷着要吃鱼的几个孩子说："鱼塘是集体的，这些鱼是叔叔们辛勤劳动养大的。咱们没有劳动，不能要，想吃鱼明天赶集去买。"说完，他就让大儿子焦国庆把鱼还给了养鱼场。

2014 年 3 月，习近平总书记在兰考调研指导党的群众路线教育实践活动时指出，焦裕禄"这样的严于律己、洁身自好，生动体现了他对从严治党的自觉"[1]。焦裕禄从入党时起，就把坚持党的群众路线作为终身恪守的信条。当他担任领导职务后，这种自觉又转化为一尘不染的清廉本色。他把清正廉洁四个字牢记于心，体现于行，耐得住寂寞，守得住清贫，把自己的全部身心奉献给人民，以实际行动践行了中国共产党人的公仆本色。

---

[1] 习近平:《做焦裕禄式的县委书记》，中央文献出版社 2015 年版，第 41 页。

"过去当个党员不容易，现在还应该是不容易的"

他亲自起草《干部十不准》，对干部廉洁自律作出具体规定。昨天，在焦裕禄同志纪念馆的《干部十不准》展板前，我又仔细看一下，觉得他是真正抓规矩，非常有针对性。所以，我们的规定不要搞得花花绿绿的，措辞很漂亮，但内容空洞。

——习近平

焦裕禄不但严格要求自己，也给别人树立了一面镜子。对于干部中的一些不正之风，一些损害群众利益的行为，他坚决进行批评制止，或者指示有关部门进行严肃处理，在他工作过的地方营造出风清气正的政治生态。

焦裕禄在尉氏县担任县委副书记时，庄头区发生了一起公款吃喝事件。焦裕禄知道后，立即带上工作组，赶往庄头区。在那里，他们经过认真的调查，摸清了干部吃喝的具体情况。为了处理好这起事件，焦裕禄主持召开了一次干部座谈会。在会上，他痛心疾首地说："同志们，我们刚从'三年自然灾害'中走出来，父老兄弟正饿着肚子，而你们，却把他们用汗水换来的钞票，一口一口地吞下，你们还有一点儿良心吗？拍拍你们的肚子，那是什么填饱的？是你们姊妹兄弟的血！……"说着说着，他说不下去了，拳头攥得咯咯响。

当晚，焦裕禄就在灯下起草了给县委的报告，建议县委对参与吃喝的一名领导进行严肃处理。同时，他还在报告里建议道："处分，不是目的。"事件查处后，焦裕禄主动找到那位受处分的干部，和他谈了几次话，动之以情，晓之以理。最后，那位干部感动得痛哭流涕，认识到了自己的错误给党和人民政府的形象带来的损失，表示今后一定要严于律己，以新的面目出现在自己的岗位上，踏踏实实为人民服务。后来，焦裕禄一再告诫大家："我们共产党员要坚持无产阶级的本色。吃、喝是国民党的作风，我们不能沾染。"

焦裕禄到兰考工作后，经常对同志们说："任何时候都要坚持党的方向，发扬党的光荣传统，勤俭办事业，不贪污，不浪费，和人民同甘共苦，吃苦在前，享受在后。"他以身作则，为全县干部树立了榜样。

1963 年 1 月 18 日，春节到来之际，焦裕禄根据自己了解的兰考情况，起草了一份《关于鼓足干劲，搞好生产，勤俭过春节，防止浪费的通知》。他在通知中强调指出，兰考是灾区，面临许多困难，过节必须坚持廉洁自律、勤俭持家的精神，一切用度从俭。不论集体或个人，不许浪费一分钱，不办不该办的事。通知要求，全县共产党员和干部切实做到《干部十不准》：

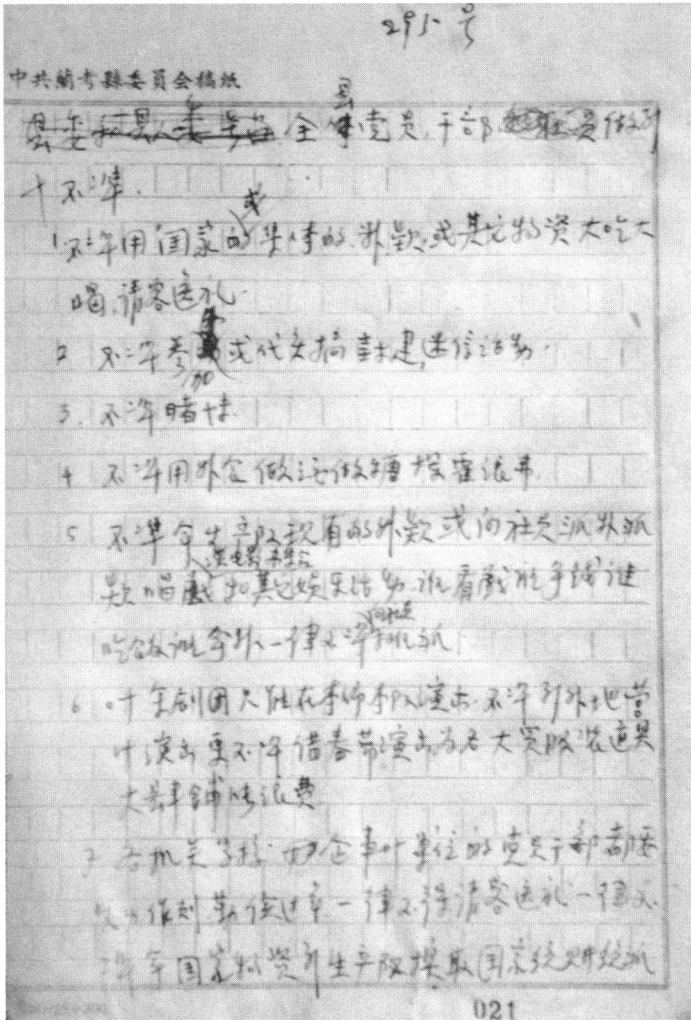

焦裕禄制订的《十部十不准》手稿　张庆民/供图

一、不准用国家或集体的粮款或其他物资大吃大喝，请客送礼。

二、不准参加或带头搞封建迷信活动。

三、不准赌博。

四、不准用粮食做酒做糖，挥霍浪费。

五、不准拿生产队现有的粮款或向社员派粮派款，唱戏、演电影.办集体和其他娱乐活动，谁看戏谁拿钱，谁吃喝谁拿粮，一律不准向社会摊派。

六、业余剧团只能在本乡本队演出，不准到外地营业演出，更不准借春节演出为名大买服装道具，大肆铺张浪费。

七、各机关、学校、企事业单位和党员干部都要以身作则，勤俭过年，一律不得请客送礼，一律不准拿国家物资，到生产队提取国家统购统派物资，一律不准用公款组织晚会，一律不准送戏票，十排以前戏票不能光卖给机关或几个机关经常包完，一律不准到商业部门、合作社部门要特殊照顾。

八、坚决反对利用职权贪污盗窃国家的或生产队的物资，坚决禁止利用封建迷信欺骗和剥削社员的破坏活动。

九、积极搞好集体的副业生产，增加收入，改善生活，反对弃农经商，反对投机倒把。

十、不准借春节之机，大办喜事（不是不准结婚），做寿吃喜，大放鞭炮，挥霍浪费。

从这份文件中，我们不难看出焦裕禄对自己、对党员、对干部的要求是多么严格，规定又是何等具体！这十条规定，曾得到习近平总书记的高度评价。

1963年1月30日，兰考县人民检察院的张纯良、陈增华两位同志联名给焦裕禄写信，反映了他们在办案过程中发现的一些问题。他们发现，郭店公社孔庄寨大队有许多社员因断粮而外流，群众反映干部有贪污行为，另外，还有些大队过春节搞迷信活动，大放烟火等。

焦裕禄对下面干部反映的问题非常重视，他在信上批示道："张纯良等二同志来信反映的问题很重要。他们是下去检查贪污案件的，但没有孤立地做自己的业务工作，见到人民生活中的大问题，党的政策贯彻执行中的大问题，及时向县委汇报，这是很好的，是对党负责的。我们的同志都应像他们这样，将自己所发现的重要问题向党组织及时反映。这就能使各级领导同志及时了解情况，采取措施，纠正我们工作中的缺点和错误，对一些违法乱纪行为也能及时地查处，加以制止。"他把这封信转发给了全县的县委委员和区委书记，并派人立即进行调查处理。

2月上旬，焦裕禄主持召开了为期一周的县委扩大会议。在会上，他专门谈到了执政党作风建设的问题，他说："加强执

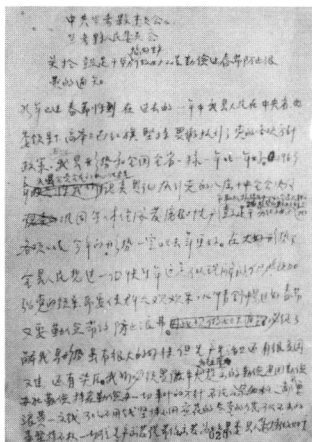

焦裕禄起草的《关于鼓足干劲，搞好生产，做好工作，勤俭过春节，防止浪费的通知》草稿　张庆民 / 供图

223

政党的建设、基层党组织建设，这是个大问题。我们每一个党员必须认识到，革命不是为了做官，而是为了勤勤恳恳地为人民服务。书记受党委会领导，和委员之间的关系是平等的。执政党搞不好，就会亡党亡国。过去当个党员不容易，现在还应该是不容易的。一个党员，贪污多占，不深入群众，高高在上，这就是变质。共产党员任何时候都要坚持原则，任何环境中都不能动摇，要经得起考验，任何成绩面前都不能骄傲自满，要吃苦在前，享受在后。任何职务的干部都是人民的勤务员。"

会议期间，焦裕禄看了县委反对商品走后门办公室的一份汇报材料，主要是财贸系统在反商品"走后门"运动中揭发出来的问题。焦裕禄看后，马上给县委扩大会议写了一份通报。通报中说："财贸系统的机构大，人员多，经营分散，新干部多，更应该加强政治思想工作。要经常对职工进行共产主义教育……要贯彻中央关于商业问题的决定，切实教育职工树立政治观点、生产观点、群众观点。任何只管业务，不抓政治思想、不问政治的行为和做法都会犯严重的错误。同时，也应该通过学习中央关于商业问题的决定和反后门运动，评选表扬一批好人好事，树立好的典型。"

当晚，焦裕禄结合发现的问题，在《各区团委书记座谈会纪要》上写了一个批示："各级党的组织，必须加强党对共青团的领导，加强对青年一代的共产主义教育……使他们知道在社会主义革命和建设中谁领导、依靠谁、联合谁、反对谁，什么是共产党的作风，什么是国民党的作风，哪些事能做，哪些事不能做，什么应该带头，什么不应该带头。不断地提高阶级觉悟，划清界限，分清香臭，提高团员和青年的共产主义觉悟。"

问题出来了，就要正视问题，解决问题。因此，焦裕禄在会上还发动参会的干部给县委领导提意见，这在兰考历史上是一个创举。有的干部说，焦书记相信我们，敢于亮丑，有意见就大胆地提吧！

这样，基层干部们经过分组酝酿，对县委领导们在党的建设、领导方法、工作作风、生活作风等方面，都提了不少宝贵意见。对这些意见，焦裕禄让大会秘书进行了归纳，涉及谁就转给谁，能解决的问题就当场给予答复；需要研究的问题，待县委研究后再通报情况。焦裕禄用这种方法处理干部队伍中存在的问题，让与会同志都感到满意。

2014年3月，习近平总书记在兰考调研指导党的群众路线教育实践活动时，对兰考干部说："面对群众的眼睛，领导干部自我要求越严格越好，勘误纠错越主动越好。古人说过：'知其不善，则速改以从善，最要在速改上著力。'与其让别人指指点点，不如自己心底无私、从善如流。"① "心底无私、从善如流"八个字，可以说是焦裕禄的真实写照。他到兰考不久，就让兰考干部队伍的作风有了很大改进。面对兰考的严重困难，大家都放下了包袱、改正了缺点，全身心地投入除"三害"斗争。

---

① 习近平：《做焦裕禄式的县委书记》，中央文献出版社2015年版，第43页。

"要小小气气地过日子，
细细致致地做工作"

县委书记作为县里的权力人物和公众人物，要注意道德操守，道德上失足有时比某些工作失误杀伤力还要大。我国古代就要求县令"导扬风化"。要自觉弘扬和践行社会主义核心价值观，加强道德修养，追求健康情趣，慎重对待朋友交往，时刻检点自己生活的方方面面，引导全县形成健康向上的社会风尚。

——习近平

古人说："历览前贤国与家，成由勤俭破由奢。"尚俭戒奢，勤俭办事，是中华民族的传统美德，也是中国共产党人的本色和优良传统。焦裕禄出生于贫苦的农民家庭，父母给他取名"裕禄"，是希望他有一天能够"富裕"起来，能够有"俸禄"可拿。但是，焦裕禄从未追求过个人的"裕"和"禄"，而是把生命奉献给更多的人。他始终保持着农家子弟的勤奋

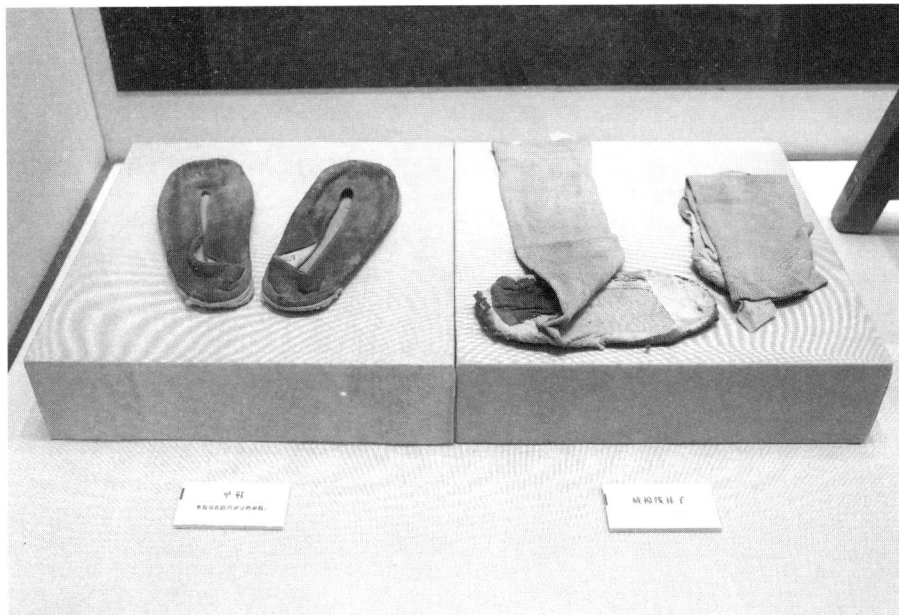

焦裕禄的衣帽鞋袜都是补了又补、缝了又缝，他用一言一行诠释了艰苦奋斗、无私奉献的精神。图为焦裕禄穿过的单鞋和棉线袜　中新图片／陈晓根

和俭朴，并把这种良好习惯带到工作中。

焦裕禄常年衣着简朴，他舍不得买新的，所有的衣服都是补丁摞补丁。他在尉氏、兰考工作的时候，很多人都见过他的裤子屁股后面一大块"蜘蛛网大小的补丁"和膝盖部位的大补丁。焦裕禄还喜欢把外衣披在肩上，特别是冬天，他就披着那件穿了多年满是补丁的旧大衣。他在洛阳矿山机器厂工作时，邻居张泉生见了心里不忍，对他说："人家当科长的都穿得很好，可你和你的孩子……"他笑着说："能穿到这种衣服就不错了，过去连这也穿不上。"那时候，焦裕禄买过一双皮鞋，是为接待外宾和专家才买的。这双鞋子，他穿了十多年，皮子磨白了，羊毛磨光了，鞋帮上大窟窿小眼睛，四面透风，鞋后跟就钉了几回。但他一直舍不得扔，直到去兰考工作时，穿的还是这双鞋子。

焦裕禄的孩子们穿得也很朴素，衣服都是大的改小的，拼拼凑凑，补补连连出来的。一次，张泉生见焦裕禄的大儿子焦国庆的鞋子前后都烂了洞，就劝他给孩子买双新鞋穿。焦裕禄说："再穿一个时期还可以，现在天热了，冻不着他。过去我连草鞋还穿不上呢！"

1963 年秋末，焦裕禄的岳母到了兰考，要给外孙做棉裤。孩子虽然才 3 岁，但就是这么小的棉裤，还是用大大小小几十块破布片缝补起来的。老人有点生气，就抱怨道："你呀，净让我跟你们作难，帮帮补补，让我跟你补到啥时候算到头呢？"焦裕禄笑着说："只要有补丁能补就好，过去我小时候连补丁还找不到呢。"

焦裕禄家里过于简朴，一位亲戚劝他，你工作这么长时间了，穿的、用的也该置买点儿啦。他也只是笑着说："干部别说置买东西，就是想得多了也是错误的，自己的事想得多了就会忘掉工作。孩子们穿鞋费，这些鞋还能穿，下雨踏湿了也好替换替换。不能见新就不要旧，就是要让他们从小养成艰苦朴素的好习惯。"

在吃饭方面，焦裕禄就更不讲究了。1950 年他在尉氏县门楼任乡领导土改时，住在一个简陋的小土屋里，自己做饭吃。他的老部下任富贵记得，他们的主食是小米、红薯，偶尔也吃顿杂面条；副食是红薯叶、萝卜叶、芝麻叶，或者是从地里挖来的野菜。焦裕禄一直保持着这种习惯。他后来下乡调研时，坚决不吃单独为自己做的饭，而是到农民家吃"派饭"。农民吃什么，他就吃什么。土改时期，他在给下级布置下乡任务时，总是要求干部做到两点：一是"三同三红"，就是与农民群众同吃、同住、同劳动，吃饭就要高粱面、红薯和红辣椒；二是要执行"三大纪律八项注意"。

焦裕禄如此简朴，是因为没钱吗，是因为吝啬吗？当然不是，因为他的工资不算低。他常常用自己的钱，支援更加困难的人。任富贵家里更困难，焦裕禄就把上级发给自己的两件衣服送给了他。徐俊雅后来说："老焦那么大人，出门不能不带钱、只带粮票。可装了钱他就用来救济穷人，甚至把衣服都送人，回家就说弄丢了。他去世后，有两个农民哭着来咱家，我一看，这不是老焦的衣服吗？"原来，这才是焦裕禄"穷"的原因。

然而，就是这样一位书记，在尉氏和兰考的老百姓心中有着崇高的威望。因为他下乡时，到哪里调研，从来没有架子，直接下地和农民一起干活；放下农具休息时就和大家谈天，记录大家的想法。吃饭时，赶上农民家做什么就吃什么，没有一点嫌弃。农民从来没有把他当过外人，所以有什么话都愿意和他说，有什么问题都敢向他反映。

在工作中，焦裕禄也是一位坚持艰苦创业、勤俭节约的模范。他在洛阳矿山机器厂担任调度科科长时，科里有一位青年工人小金，积极肯

焦裕禄担任兰考县委书记时的县委常委会会议室内景　焦裕禄同志纪念馆 / 供图

干，生产效率高。可是，小金有个缺点，就是不懂得爱惜刀具，他的刀具损耗比别人大。焦裕禄专门和他谈过这件事，可小金觉得，只要多出活就行了，不必太在意刀具损耗。一次，小金随手把一把有小缺口的刀具扔掉了。焦裕禄看到后，赶紧捡了起来，对他说："这把刀磨磨还能用嘛，咋给扔了？"小金笑笑说："磨起来挺费功夫，不如领把新的，回来好多干点活。"

焦裕禄研究起小金来了。他发现，原来小金不会磨刀。于是，他亲自带上小金，到外单位参观刀具表演，嘱咐小金把磨刀的经验详细地记下来。一路上，焦裕禄耐心地给小金讲了新中国工人艰苦创业的动人故事。小金听后很受鼓舞，回到家就在笔记本上写下了"艰苦创业"四个大字。此后，在焦裕禄的帮助下，小金改掉了浪费刀具的习惯，成为一名各方面都很优秀的工人。

焦裕禄到兰考工作后，多次在文件、批示中强调勤俭节约，在行动中践行勤俭节约。1963 年 1 月 18 日，他到县人民银行询问贷款指标发放情况，得知银行的情况很不好，要求贷款的单位很多，银行也很为难。焦裕禄向银行负责人提出："我们要首先克服'两眼向上，两手向外'的思想，要教育群众发扬'南泥湾精神'，不要再向地区要求贷款。"当谈到银行如何管好、用好资金的问题时，焦裕禄说："要小小气气地过日子，细细致致地做工作。贯彻自力更生为主的方针，把钱用到最需要的地方去。"

最后，兰考县人民银行根据焦裕禄的意见，做了一个调查研究，详细调查了全县受灾情况，终于做到了"能不贷的就不贷，能少贷的就少贷"，扭转了到银行贷款的人"封不住门"的局面。焦裕禄下乡调研时，有时也会遇到请求帮忙贷款的干部。一次，在城关公社盆窑大队，有个干部想让焦裕禄帮着说说情，让城关营业所给贷款。焦裕禄对他说："各部门的工作都有直属上级制定的政策，要尊重业务部门的工作，我不能随便许愿。"后来，焦裕禄发现这个大队卖完麦子，余有现金，就动员他们归还了贷款。

1963 年 4 月初，焦裕禄主持兰考县三级干部会议后，根据发现的问题，起草了一份题为《中共兰考县委要求全体共产党员坚定地树立社会主义的新风尚》的文件，共八条内容，要求全县党员干部都要做到。其中的第五条，专门强调了共产党员要做到勤俭：

共产党员必须以勤俭节约为荣，以铺张浪费为耻。我们不是不讲人情，我国劳动人民人情往来的原则历来就是"礼轻情意重"，红白喜事以及日常的人情来往，情意越深、越重、越好，请客、送礼，花钱越少越好。应该提倡新式结婚，新式送葬，只求真情实意，不讲俗套的吃喝、礼仪。至于用国家和集体的财物请客送礼，大吃大喝，更是绝对禁止。

这条规定的内容，既突出了"以勤俭节约为荣，以铺张浪费为耻"的思想，又规定得入情入理，让人不能不由衷地愿意遵守。

经过近一年的艰苦奋斗，兰考的形势有了好转，有些生产队手里有了点"活钱"。这时候，焦裕禄又及时对他们进行提醒。1963 年 9 月 28 日，焦裕禄收到红庙公社葡萄架大队坝子生产队队长鲁东法的一封信，信中提到本生产队虽然粮食不宽裕，但也要向国家交售一部分。焦裕禄对此感到欣慰，他立刻以县委的名义起草了一份《关于在全县范围内讨论鲁东法同志给县委一封来信的通知》，表扬了坝子生产队自力更生取得好收成的成果，号召大家学习他们发扬共产主义风格向国家多交粮食的精

焦裕禄使用过的笔记本（复制品） 焦裕禄同志纪念馆／供图

神，同时提醒"所有收成较好的队，也要勤俭节约，支援灾区，发愤图强，步步登高，更快地恢复发展生产"。

1964 年 2 月 1 日，焦裕禄与爪营、仪封、城关三个公社的 19 位生产大队党支部书记开了一个座谈会，听他们介绍妥善安排群众生活、积极开展生产自救的经验。对大家的工作，焦裕禄很是满意，同时还提醒大家："安排生活要和勤俭节约、自力更生结合起来，要和生产结合起来，达到推动生产的目的。"

"克勤于邦，克俭于家。"廉洁、勤政与俭朴，三者是密不可分的。大凡勤政廉洁者，必有俭朴之作风。2013 年 1 月，习近平总书记在新华社的一份材料上作出批示："浪费之风务必狠刹！要加大宣传引导力度，大力弘扬中华民族勤俭节约的优秀传统，大力宣传节约光荣、浪费可耻的思想观念，努力使厉行节约、反对浪费在全社会蔚然成风。"我们在落实这份批示精神的时候，焦裕禄就是一个最好的榜样！

"谁和他接近谁就感到温暖"

清正廉洁、无私奉献，是共产党人先进性的重要体现，也是焦裕禄精神的鲜明特点。焦裕禄同志不怕苦、不怕死，不为名、不为利，完全彻底地为人民服务。

——习近平

焦裕禄始终把群众放在心上，把同志放在心上。直到今天，韩村的群众还说他像一盆火，谁和他接近谁就感到温暖。不错，焦裕禄就像一团火，燃烧了自己，温暖了别人。

焦裕禄无私奉献的精神和品格，帮助了很多人，感染了很多人，甚至改变了很多人的命运。凡是与焦裕禄有过交往的人，在回忆起焦裕禄的时候，都会记得他对同志的关心，远远胜过对他自己的关心。焦裕禄在不同时间、不同地方、不同岗位上，一直是他周围人的良师益友。他自己的生活并不宽裕，却经常挤出一点钱接济更加困难的同志；他把他的所知所能，毫无保留地教给同志；他用他饱满的热情，感染着周围的同志；他用他真诚的情义，关怀其他同志的成长进步……

1949年4月，焦裕禄在尉氏县大营区搞土改，他的通信员叫李小虎，是一名出身贫苦的农村青年。李小虎刚参加工作时，穷得连衣服都穿不上，是光着膀子去见焦裕禄的。焦裕禄见此情形，当场就把自己的军装脱下来，让李小虎穿上。他还告诉李小虎，参加革命工作，要不怕吃苦，不怕困难。此后的日子里，焦裕禄不断用自己省吃俭用节约下来的一点钱，帮助李小虎解决家里的生活困难。他给李小虎家买了一头小猪，让他们搞点家庭副业，他们的日子慢慢好起来了。

1951年，李小虎参军了，成为一名通信兵。焦裕禄写信告诉他不要操心家里，因为土改后日子好过了，鼓励他在部队要"时刻提高警惕，好好学习，团结同志，服从领导"。在焦裕禄的教导下，李小虎在部队表现很好，从未出过差错。

1950年，焦裕禄担任尉氏县新民主主义青年团团委副书记。时任尉氏县委书记赵仲三的警卫员毛世功由于少年失学，业余努力学习认字。县委其他领导不在的时候，毛世功就向焦裕禄请教。焦裕禄不仅热情地告诉他每个字的读法，还细致地给他讲每个字的含义，使毛世功受益匪浅。毛世功和焦裕禄有个共同爱好，就是喜欢拉二胡。所以，焦裕禄客串了"音乐教师"的角色，教毛世功拉二胡、唱歌。毛世功跟焦裕禄学会了唱《三大纪律八项注意》《国际歌》《大刀歌》《游击队歌》《义勇军进行曲》等歌曲。焦裕禄的热情指点，给毛世功留下了深刻印象。

焦裕禄在洛阳矿山机器厂工作的时候，邻居张泉生是由上海调到洛阳支援工业建设的。洛阳生活水平不如上海，张泉生刚到的时候，生活

焦裕禄（二排右二）1956 年 7 月在大连起重机厂工作时，与工厂
的文艺积极分子合影　焦裕禄同志纪念馆 / 供图

上有些不习惯，情绪很低落。焦裕禄看出来了，就在下班后主动找他拉家常。焦裕禄劝道："老张呀，这样下去是要犯错误的。我看，现在我们的生活已经不坏了，眼下洛阳许多地方是不如上海。比起上海，洛阳是苦些，可是，我们干革命、搞建设不能怕吃苦。我们应该看到全国，用低标准来比比，我们就不会有意见了。"后来，焦裕禄还把自家积存的20多斤大米送给张泉生。张泉生的妻子生第一个小孩时，因为不会做衣服，请服装店做要等两三个月。焦裕禄知道后，就叫徐俊雅给张泉生的小孩做了四五件衣服，送了过去。

1962年6月，焦裕禄回尉氏工作，当年土改时的老部下任富贵总想见见他。一天，任富贵在县城遇到徐俊雅。徐俊雅告诉他：自己和焦裕禄准备去看望任富贵的母亲。任富贵回家一说，家里人都非常高兴，还特意买了肉，准备焦裕禄来的时候吃。到了约定的那天，焦裕禄夫妇却迟迟没有出现。中午饭后，任富贵的父亲觉得他们不会来了，正准备下地干活，焦裕禄和妻子徐俊雅一起来了，手里还提了四盒点心。任富贵的父母问他们，怎么上午没来啊？焦裕禄说："现在正遭灾，群众很困难（指中午吃饭），就不添麻烦了。"焦裕禄就是这样的个性，永远不愿给别人添麻烦。

对身边一起工作的同志，焦裕禄同样关心备至。1962年7月的一天，尉氏县委办公室的董金岭从开封地委开会回来，要向焦裕禄汇报地委会议精神。焦裕禄说："传达地委指示是个大事情，不能光我一个人听。"于是，他拉着董金岭去找县委第一书记夏凤鸣。找到夏凤鸣后，焦裕禄又说："薛德华同志脚上有疮，行动不便，不能来听，咱们到老薛那里去吧。"就这样，三个人一起来到薛德华的住处，听完董金岭的传达。

兰考县财政虽然困难，但县委还有一辆吉普车，供领导干部使用。

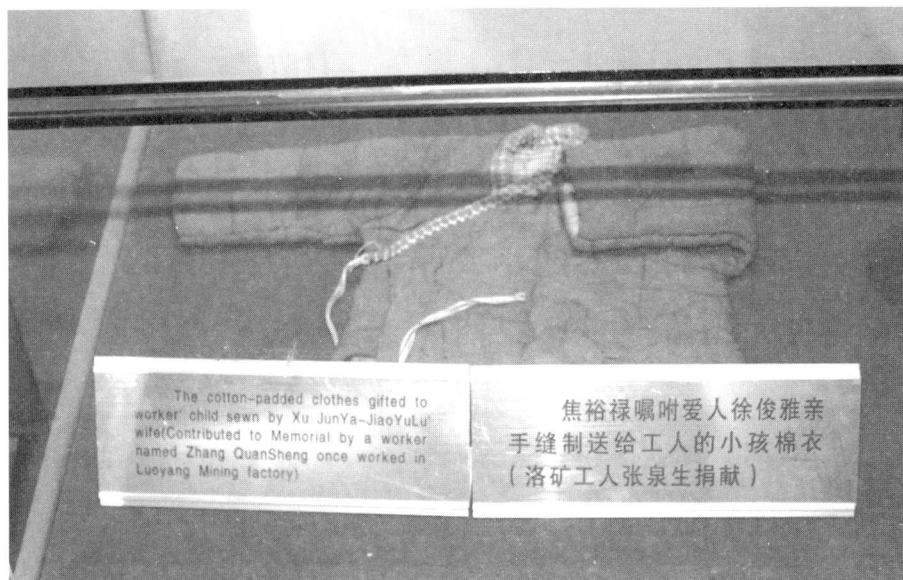

The cotton-padded clothes gifted to worker' child sewn by Xu JunYa-JiaoYuLu' wife(Contributed to Memorial by a worker named Zhang QuanSheng once worked in Luoyang Mining factory)

焦裕禄嘱咐爱人徐俊雅亲手缝制送给工人的小孩棉衣（洛矿工人张泉生捐献）

焦裕禄让徐俊雅给工人的孩子缝制的棉衣　焦裕禄同志纪念馆／供图

焦裕禄到兰考工作后，虽然经常下乡，却从不坐这辆车去。他说，车要给年纪大、身体弱的同志使用，自己骑自行车下乡就挺好。

有一次，焦裕禄要去离县城七八十里的张君墓公社调研，同行的李中修建议说："路这么远，咱们就坐一回县委的吉普车吧。"焦裕禄幽默地回答说："咱们还是饶了它吧！省它些力气，好为年弱有病的老同志服务。再说，它不是个好东西，因为隔块玻璃，群众给你说话，光见张嘴听不见声音，双方干着急。还有就是它只顾跑得快，步行的群众跟不上，跟咱们拉大了距离，脱离了关系。车一跑还扬尘土，路旁的东西看不清楚了，连走马观花也难！咱还是骑辆自行车，舒舒服服地逛一逛吧！"就这样，他们硬是骑行了七八十里路去了张君墓公社。

县委副书记孟昭芝是从信阳铁路系统调到兰考的。他来兰考时，同在铁路系统工作的妻子张学玉也一起来了兰考。张学玉在铁路系统原本就是干部，可是到兰考后，组织上一直没给她安排工作，只能在家里做家属。有一次，她在县委大院里遇到焦裕禄，焦裕禄喊她"孟嫂"，亲热地和她打招呼。张学玉想倾诉一下自己的委屈，就作出一副严肃的样子对他说："焦书记，以后不要叫我孟嫂，别人叫我，我应，你要叫我，我不应了。"

焦裕禄感到有些奇怪，忙问为什么。张学玉说："你叫我孟嫂，就是因为我是老孟的家属。可我曾经是有工作的人哪。我是1932年入党的党员，今天我却没有为党工作。不是我不想工作，是老孟不让我工作。"说完，她把自己在白色恐怖下入党，参加地下工作的经历讲了。最后对焦裕禄说："我名字叫张学玉，我要用我的名字，我不愿当老孟的家属。"

焦裕禄听完她的诉说后，赶忙说："这都是我不了解情况啊，你是老同志，我不知道你的情况，老孟也没说过。"他边说边掏出笔记本，把她

焦裕禄与群众在一起时一点也不生分，一次他看到农民王永祥的领粮袋破了，就随手掏出针线包帮他缝好。图为焦裕禄缝过的领粮袋　焦裕禄同志纪念馆／供图

的情况记下来。他说："你是老同志，你的工作是应该很好地安排的，你是我们党的宝贵财富呀。老张同志，你放心，我一定了解清楚情况，将你工作的事儿解决了。你不要着急，不要难过，你的事没安排好，我也有责任的。"焦裕禄一席话，让这位老同志看到了希望。

焦裕禄对同志的感情，可以用体贴入微来形容。有一次，他带李中修一起去仪封公社调研。临走时，公社书记崔殿普从抽屉里拿出了几个苹果，对他们说："这是我们仪封果园种的，你们尝尝吧。"焦裕禄坚决不吃，崔殿普就把苹果硬塞到他的提包里，他当时没有拒绝。

在回去的路上，焦裕禄问起李中修的家庭情况，说是想到他家看看。李中修自然很高兴，带着焦裕禄到了自己家。焦裕禄见到李中修的母亲、爱人和孩子，亲热地寒暄，还把孩子抱起来，把提包里的苹果分给他们，很快和孩子们有说有笑起来。焦裕禄告诉李中修，先不用跟自己回县上了，既然到家了，就在家里住一晚上。焦裕禄安排完，就骑车走了。这会儿，李母正借了两个鸡蛋，想给焦裕禄冲水喝，可是焦裕禄已经走远了。李中修非常感动，骑车追了出去，结果两人又一起回到县里。

1964年3月，兰考县公安局局长聂令俊要去中央政法干部学校学习，在兰考火车站碰见了焦裕禄。焦裕禄在一位同志的陪同下，准备去开封看病，于是大家一起坐上了火车。在火车上，大家随便聊了起来。聊天时，聂令俊随口说了一句，到北京不一定能找得到地方，况且带的钱也少。焦裕禄略微沉思，掏出5元钱硬是塞给他，还告诉他，到北京下车后，用5角钱搭个小出租车，请司机同志把你直接送到地方就是了。焦裕禄这个小小的举动，让聂令俊感动得热泪盈眶。多年以后，聂令俊回忆这件事情时说："5元钱，现在看来，不足挂齿，可在当时，要比现在的50元、500元都珍贵呀。因此，给我的印象十分深刻。"

　　在焦裕禄身上，这样的故事太多太多了。时光荏苒，人事代谢，多年以后人们回忆起这些看似微不足道的往事，往往都会再次被感动。"公者千古，私者一时"，焦裕禄的一生是短暂的，但他在短暂的一生中，无私地献出了他的一切，为我们留下了一位永不磨灭的榜样。

"生也沙丘，死也沙丘，父老生死系"

他抱着病痛的身体，忍着肝病的折磨，常年奔波在农舍、田地，置身于群众之中。每当风沙最大的时候，就是他带头下去查风口、探流沙的时候；每当雨下得最大的时候，就是他带头下去冒雨涉水、观看洪水流势和变化的时候。

——习近平

焦裕禄是抱病临危受命去兰考工作的。在兰考期间，他多次向上级、向同志表达过这样的想法：改变兰考面貌，不达目的，死不瞑目。没想到，竟然一语成谶，当他规划好兰考发展的蓝图、带领兰考初步走出困境的时候，病魔夺去了他的生命。

1959 年，当焦裕禄还在洛阳矿山机器厂工作时，就发现得了肝病。那时候他如果去治疗、休养，也许会战胜病魔。但是，那是一个激情燃烧的火红岁月，后来国家又遇到经济困难。作为一名共产党人，焦裕禄不愿为了病情而放下工作，放下初心和理想。他觉得，反正自己还年轻，还是先做好党交给的工作吧。

在洛阳，组织上安排他住院治疗，他却偷偷跑回工厂上班；送他到疗养院疗养三个月，他去了一个月就回厂上班了。厂领导批给他一只鸭子，想让他补补身体。可是，他舍不得吃，就把鸭子养起来，一直养了很久。组织上为照顾他的身体，多次给他送去奶粉、葡萄糖等营养品，他都一一谢绝，说："我的生活水平不算低，身体还可以，还是送给最需要的工人用吧。"徐俊雅有时单独给他做点鸡蛋、鱼肉，想让他补一补，他却不肯吃，总是说："不要再单独给我做了，我过去也是受苦人出身，生活可不能浪费啊！"

1962年春，焦裕禄回尉氏县工作，他在这里领导土改时的老战友、老部下发现，他已经比以前瘦了许多，还常用手捂着腹部，大家一打听才知道他得了肝病。有一次，徐俊雅和焦裕禄当年树立的典型王小妹聊天时说起，青枣晒干了煮煮吃能养肝。王小妹把这事儿记在心里，等到秋天，特意给焦裕禄送去了六七斤刚熟的青枣。就这点枣子，焦裕禄还专门把王小妹叫去，问她是自己买的，还是从生产队那里"平调"来的。王小妹表示确实是自己5分钱1斤买的之后，焦裕禄才放心。但他还是严肃地提醒王小妹，现在是困难时期，也是考验干部的时候，我们可不能往下伸手，白吃群众用血汗换来的东西。

1963年1月，焦裕禄和县供销社主任孙天相谈话。他们谈了很多，当得知县供销社有的职工害怕困难、小病大养、怕苦怕累时，焦裕禄鼓励孙天相要帮助职工在困难的时候看到光明。他还结合自己和孙天相都有肝病这件事说："有的同志过去被肺病压住了头，现在又让肝病压住了

焦裕禄为了让人民群众过上好日子鞠躬尽瘁，死而后已。图为兰考焦裕禄同志纪念馆前的群雕　中新图片／程越峰

头。老孙，你我都有肝炎，你看，咱们坚持了'斗争'二字，不是很好吗？关键是要组织同志们树立起坚定的信念，要多学毛主席著作，什么困难都可以迎刃而解。"孙天相回去后，把焦裕禄的话在全系统作了传达，极大地鼓舞了职工的积极性。

1963 年 2 月，焦裕禄去葡萄架公社最穷的土山寨大队调研，当晚就住在那里。晚饭就吃了煮的冻红薯和蒸的干红薯叶，饭后他又和农民开了个座谈会。到了夜里，焦裕禄腹痛得翻来覆去睡不着。随行的李中修见状，天一亮就跑到公社食堂，给他买了两个烧饼。焦裕禄认为这是"特殊化"，批评道："群众能吃的饭，咱也能吃；群众能过的日子，咱也能过。"说完，就把烧饼分给房东家的两个小孩吃了。

焦裕禄患有肝病，却为了兰考人民的未来昼夜奔波。如此之大的工作强度，就算是一个健康人也很难扛住，但焦裕禄硬是坚持到了最后。当肝疼得受不了的时候，他就用刷子把、钢笔之类的硬物顶在肝部坚持办公。后来，他经常坐的藤椅上，被顶出了一个洞。椅子上有了这个洞，就很容易坏。于是，焦裕禄有空就把它编上，可是过了不久就又顶破了。有时他工作太忙来不及编上，就叫孩子们帮他编。我们现在看到的一些焦裕禄生前起草的文件，大多是他坐在这把藤椅上忍着肝痛起草的。

到 1963 年下半年，焦裕禄的肝病已经很严重了，必须按时去县人民医院打针治疗。可兰考等他去办的事情太多了，他常常没办法按时去医院。组织上为了不使治疗中断，就和医院商量，让一位上下班经过县委门口的护士顺便给他打针。可是，这位护士只给他打了两次针，就被他谢绝了。然而，焦裕禄这次治病的经历，让他发现了医院的问题。比如，医院规定下班前 5 分钟不再接待病人，给病人家属规定的探视时间也不合理，等等。焦裕禄发现问题后，专门找来了一张介绍郓城县人民医院

焦裕禄帮助土山寨大队修建了一座桥，群众称之为"连心桥" 焦裕禄同志纪念馆 / 供图

革命化经验的报纸，要求兰考县人民医院对照本院情况，好好学习。在焦裕禄的督促下，他们重新制订了规章制度，改善了服务态度。

1964年1月1日，县委机关放假一天。焦裕禄闲不住，就在办公室翻阅除"三害"的资料。他发现，1963年兰考很多洼地的收成不太好。为此，他骑车去了城关公社韩村生产队，找有经验的农民座谈，又去了地里，搞起了台田试验。焦裕禄一面指导大家怎么干，一面拿起铁锨，和大家一起挖地。不一会儿，剧烈的肝痛就让他干不动了。大家都知道他有肝病，劝他不要挖了。他却说："不要紧，咱们眼下吃点苦，受点累，挖掉穷根，子孙后代才有好日子过！"中午吃饭时，焦裕禄借口有事，骑车走了。下午，他又来到这里，看着社员们把台田样板修好，他才高兴地离去。这一年，韩村群众按照焦裕禄的样板田，又多修了100多亩台田，获得了一个好收成。

1964年3月，兰考除"三害"斗争达到了高潮，焦裕禄的肝病也到了严重关头。3月21日，焦裕禄和县委办公室的干部张思义一起去三义寨公社调研。路上，焦裕禄肝病发作，连自行车都骑不动。张思义劝他回去休息，可是他说："不！好多工作还在等着我们！"他们只好推着自行车慢慢走，一直走到三义寨公社。

在听公社书记汇报时，焦裕禄就已经疼得满头大汗，脸色蜡黄。他手指发抖，钢笔几次从手指间掉了下来。汇报的同志见此情形，劝他找个地方休息。焦裕禄坚决拒绝了。他说："不要紧，我能顶得住，还是先谈谈你们的情况吧！"公社书记忍住泪，话都说不出来了，而焦裕禄却表现出神情自若的样子，说："说，往下说吧。"听完汇报，焦裕禄还准备去南马庄看一下那里的副业生产情况，可一出大门，剧烈的疼痛就使他感到天旋地转，几乎晕倒。

焦裕禄再也支撑不住了，只得回到县城。经县人民医院诊断，他是肝病急性发作，兰考不具备治疗条件，必须立即转院治疗。第二天，兰考县委开会决定，派人乘坐 12 点的火车，护送焦裕禄去开封治病。但焦裕禄没有把病放在心上，他把县委的工作又作了详细的交代和部署，找这个谈谈，找那个问问，忙了整整一天。晚上回到家，他又拿起笔，准备完成那篇"兰考人民多奇志，敢教日月换新天"的文章。但严重的病痛，迫使他不得不放下笔。

3 月 23 日，焦裕禄不得不离开岗位，离开他热爱的兰考，去开封治病了。由于剧烈的肝痛，他是弯着腰走向车站的。那时，他仿佛一位勇敢的军人，不得不离开就要取得胜利的战场。他不时深情地回顾着兰考城内的一切，几次向送行的同志们说，不久我就会回来的。火车开动前的几分钟，他还郑重地布置了最后一项工作，要县委的同志好好准备材料，当他回来时，向他详细汇报抗灾斗争的战果。

焦裕禄先住进了开封卫校附属医院。他人在病房，心还在兰考，口中念念不忘的仍是兰考的除"三害"工作。他对陪同来的同志说："现在正是春耕生产季节，农活很忙。在这里住着急死人。只要能吃饭，我马上就回县里。你们先回去吧。"但是，严重的肝病，使他的这个愿望最终没能实现。

接下来，医院建议他到郑州作进一步检查，就这样，徐俊雅陪他到了郑州，住进河南医学院附属医院。入院后，医生诊断为原发性肝癌。河南省委经过讨论，决定将他转院到北京治疗。北京日坛医院给出了最后的诊断结果："肝癌后期，皮下扩散。"医生说："赶快送焦裕禄同志回去，他最多还有 20 多天时间。"

这个十分沉痛的消息，令陪同焦裕禄的家人和同志都惊呆了。兰考

1966年2月7日，《人民日报》刊发了通讯《县委书记的榜样——焦裕禄》和社论《向毛泽东同志的好学生——焦裕禄同志学习》 焦裕禄同志纪念馆 / 供图

1990 年 7 月 16 日，时任福建省福州市委书记习近平填的词《念奴娇·追思焦裕禄》在《福州晚报》上发表。图为焦裕禄同志纪念馆内《念奴娇·追思焦裕禄》展区　佚名/供图县委派去的赵文选同志放声痛哭起来，他央求医生说："医生，我求求你，我恳求你，请你把他治好，俺兰考是个灾区，俺全县人民离不开他，离不开他呀！"在场的人无不含泪。医生也很无奈，只能含泪告诉大家："焦裕禄同志的工作情况，在他进院时，党组织已经告诉我们。癌症现在还是一个难题。不过，请你转告兰考县的群众，我们医务工作者，一定用焦裕禄同志同困难和灾害斗争的那种革命精神，来尽快攻占这个高地。"

焦裕禄回到河南后，又住进河南医学院附属医院。"焦书记病危"的消息传出，许多同志纷纷赶往郑州看望他。面对兰考的同志，焦裕禄从不谈自己的病，而是先问县里的工作情况：张庄的沙丘封住了没有？赵垛楼的庄稼淹了没有？秦寨盐碱地上的麦子长得怎样？老韩陵地里的泡桐树栽了多少？……他还惦记着自己没有写完的那篇文章，嘱托县委的同志把它写完。

焦裕禄住院期间，没有向医院或组织提过任何要求，也从不让医生特殊关照。医护人员向他征求意见，他提出："各方面都很好，就是报纸太少了。"他总是劝兰考的同志不要再跑到郑州来探望自己了，因为会耽误工作……

5月初，兰考县委一位副书记赶到郑州探望他。焦裕禄关切地问起豫东大雨对兰考有什么影响，那位副书记告诉他，排水工程起作用了，损失不大。焦裕禄又问："我的病咋样？为什么医生不肯告诉我呢？"副书记迟迟没有回答。在焦裕禄的一再追问下，副书记不得不告诉他说："这是组织上的决定。"焦裕禄还是那么镇定，点点头说："呵，我明白了……"

病房的气氛非常凝重，那位副书记只有悲痛，已经说不出话来。焦裕禄好像在思考什么，过了一会儿，他说："现在，有句话我不能不说了。

兰考刻有习近平填的词《念奴娇·追思焦裕禄》的石碑　孙忠南／供图

回去对同志们说，我不行了，你们要领导
兰考人民坚决地斗争下去。党相信我们，
派我们去领导，我们是有信心的。我们是
灾区，我死了，不要多花钱。我死后只有
一个要求，要求组织上把我运回兰考，埋
在沙丘上。活着我没有治好沙丘，死了也
要看着你们把沙丘治好！"

　　这几句话就是焦裕禄最后的嘱托。
1964 年 5 月 14 日 9 时 45 分，焦裕禄永远
地闭上了眼睛，时年 42 岁。

　　1990 年 7 月 15 日，时任中共福州市委
书记习近平同志填了一首词《念奴娇·追
思焦裕禄》，表达对焦裕禄的崇敬之情，那
句"生也沙丘，死也沙丘，父老生死系"，
概括出焦裕禄带领人民群众治理灾害的不
朽功绩和赤子情怀。

　　病魔能侵袭人的肉体，但无法摧毁人
的精神！焦裕禄精神，就是一种永恒存在
的精神，将永远激励后人。

焦裕禄精神是焦裕禄留给后人的
宝贵财富。图为《党的好干部——
焦裕禄》邮票　王子瑞 / 供图

附 录

一、习近平：念奴娇·追思焦裕禄

—— 念奴娇·追思焦裕禄 ——

中夜，读《人民呼唤焦裕禄》一文，是时霁月如银，文思萦系……

魂飞万里，盼归来，此水此山此地。百姓谁不爱好官？把泪焦桐成雨。①生也沙丘，死也沙丘，父老生死系。②暮雪朝霜，毋改英雄意气！

依然月明如昔，思君夜夜，肝胆长如洗。路漫漫其修远矣，两袖清风来去。为官一任，造福一方，遂了平生意。绿我涓滴，会它千顷澄碧。

一九九〇·七·十五

注：

①焦裕禄当年为了防风固沙，帮助农民摆脱贫困，提倡种植泡桐。如今，兰考泡桐如海，焦裕禄当年亲手栽下的幼桐已长成合抱大树，人们亲切地叫它"焦桐"。

②焦裕禄临终前说："我死后只有一个要求，要求党组织把我运回

兰考，埋在沙丘上。活着我没有治好沙丘，死了也要看着你们把沙丘治好！"

（原载《福州晚报》1990 年 7 月 16 日）

二、焦裕禄言论选录

编者按：在回忆焦裕禄的文章中，不少都记录了焦裕禄的话语。这些话虽然是焦裕禄在特定场合、对特定的人说的，但至今仍让人感受到坚强的党性、为民的情感、睿智的思维和幽默的风格。可以说，这些话也是焦裕禄精神的重要载体。为此，辑录焦裕禄的部分言论，供读者参考。

—— 亲民爱民 ——

· 我们不是人民的上司，我们都是人民的勤务员，必须和群众同甘共苦、共患难。

· 这些人绝大多数都是我们的阶级兄弟，是灾荒逼迫他们到外面去的。这不能怪他们，责任在我们身上。党把 36 万人民交给我们，我们没有能领导他们战胜灾荒，过安居乐业的生活，应该感到羞耻和痛心。

· 在这大雪拥门的时候，我们不能坐在办公室里烤火，应该到群众中间去。共产党员应该在群众最困难的时候，出现在群众的面前，在群众最需要帮助的时候，去关心群众，帮助群众。

- 贫下中农身上有多少泥，咱们身上也应该有多少泥，要以群众的痛苦为自己的痛苦，以群众的欢乐为自己的欢乐。

- 在战争年月，我们和老百姓是鱼和水的关系。老百姓是水，我们是鱼。没有水，我们一天也活不下来。可现在有人认为反过来了，以为老百姓离不了我们，这是完全错误的观念。

- 应该教育我们的干部，树立为人民服务的观点。在困难情况下，要大公无私，廉洁奉公，与群众同甘共苦。

- 治沙、治碱、治水工作，既是专业工作、技术工作、经济工作，又是群众工作、政治工作。一定要有广大群众参加，没有群众参加不可能搞好。要把党的领导和群众路线结合起来，要把群众的当前利益和长远利益结合起来。

- 要好好记住，当工作感到没办法的时候，你就到群众中去，问问群众，你就有办法了。

- 彻底相信群众就是相信他们能自己解放自己。我们为群众办事，不是要让群众把我们当成救星，不是要让群众感激我们。相反，我们要永远感激群众。

· 我们为人民服务是具体的，不是抽象的。现在正是我们为人民大有作为的时候。不然的话，我们就对不起党，对不起烈士，辜负了人民对我们的期望。

· 我们要充分估计人民群众的要求和力量，现在全县 36 万人民，朝思暮想改天换地，建设自己的家乡。由穷变富的强烈要求，就像兰考 1080 平方公里的土地上布满了干柴一样，只要崩出一个火星，就会燃起熊熊大火。

· 把兰考百姓当我们的父母对待，就要孝顺，听父母的教导，关心父母的疾苦，以让父母高兴为自己的高兴。

—— 艰苦奋斗 ——

· 学习《为人民服务》，要学会像张思德那样全心全意为人民服务；学习《纪念白求恩》，要学会像白求恩那样树立爱国主义和国际主义思想；学习《愚公移山》，要学会像愚公搬山那样除掉兰考的"三害"。

· 年轻人最怕懒。干部变质是从懒开始的。人们总结出变的规律是：懒、馋、占、贪、变。懒了就馋，馋了就想多吃多占，然后贪污，发生质变。我看人懒是许多罪之源。人懒做事不会成功。

· 发放救济物资是应该的，但是只靠这一手永远摘不掉灾区的帽子。

在救灾的同时，必须在党员干部和群众中树立自力更生的思想。

· 应当教育干部，发扬土改时艰苦深入的优良作风，真正地深入下去，深入到牛屋、饭场，深入到每家每户了解情况，听取反映，宣传政策，逐户逐人地进行思想发动，进行社会主义教育。

· 我们要有革命的胆略，坚决领导全县人民苦战三五年，改变兰考的面貌，不达目的，死不瞑目。

· 兰考是个灾县，人民的生产、生活都有一定的困难，我们自己没有艰苦朴素、奋发图强、自力更生的决心，哪能改变兰考的面貌！

· 要小小气气地过日子，细细致致地做工作。贯彻自力更生为主的方针，把钱用到最需要的地方去。

我们首先要克服两眼向上、两手向外的思想。要教育群众发扬"南泥湾精神"，不要向上级要求拨贷款。

—— 科学求实 ——

· 吃别人嚼过的馍没味道。

· 我要亲自把兰考县1000多平方公里土地上的自然情况摸透，掂一掂兰考的"三害"到底有多大分量。

- 调查时一定要实事求是，不扩大也不缩小，是什么情况就是什么情况，不要先画一个圈圈，以自己的主观想象去收集材料。

- 在风雨里走一走，最容易掌握"三害"的规律，只有掌握了这个，才能打败凶恶的敌人。

- 要提倡少开会，多做工作，少讲空话，多办实事，坚决纠正走马观花、一般化的领导方法。

- 要说真话，不要说假话，要说实话，不要光说漂亮话。说假话一骗人民二骗自己。说老实话，办老实事，做老实人，到头来自己不会吃亏。

- 工作要细致，处理问题时政策要稳，要多听一下群众的意见。

- 我们每天都在指挥生产，每天都在发言，不调查研究怎么能行呢？

- 要想战胜灾害，必须照毛主席的指示办事，详尽地掌握灾情的底细，了解灾害的来龙去脉，然后作出正确的判断和布置。

- 不下这么大的雨，怎能知道它淹到啥程度？可当你查明了水情，知道了地势高低，就能治住老天，明年咱们就不叫它淹。

── 迎难而上 ──

· 感谢党把我派到最困难的地方，越是困难的地方，越能锻炼人。不改变兰考的面貌，我决不离开这里。

· 事在人为，路总是人走出来的，困难总是要人去克服的。

· 兰考是个大有作为的地方，问题是要干，要革命。兰考是灾区，穷，困难多，但灾区有个好处，它能锻炼人的革命意志，培养人的革命品格，革命者要在困难面前逞英雄。

· 战胜困难，最重要的是人的革命意志，是人的革命品格，首先是领导干部的精神状态。

· 大自然这个强盗，把咱们害苦了，咱们只要有口气，都得跟它拼。

· 有党的领导，有毛主席著作，有几十万人民，只要干，一定能在困难当中闯出一条路来，一定会改变兰考的面貌。

· 我们干部对待困难，一是不怕，二是顶着干。怨天尤人不可有，悲观丧气不足取，无所作为不能要！

· 干革命工作嘛，总会有困难的。越是有困难，越要有雄心斗志。

- 在胜利面前找缺点，在困难面前找出路。

- 灾害并不可怕，可怕的是畏惧困难无所作为的思想。单纯依赖国家救济和外地支援，不但困难不能克服，更严重的是会把人们的思想搞坏，结果是越救越灾，越救越穷，越救越难。

—— **无私奉献** ——

- 白求恩是外国人，他为中国人民的革命事业牺牲了生命，咱们为改变家乡面貌，难道还不肯流汗出力？

- 现在，群众都在看着我们，越是在困难的关头，领导干部越是应该挺身而出，用咱们的勇气和信心，去鼓舞群众的斗志。

- 当一个不坚强的战士，当一个忘了群众利益的共产党员，多危险，多可耻呵！先烈们为解放兰考这块地方，能付出鲜血、生命，难道我们就不能建设好这块地方？难道我们能在自然灾害面前当怕死鬼、当逃兵？

- 任何时候都要坚持党的方向，发扬党的光荣传统，勤俭办事业，不贪污，不浪费，和人民同甘共苦，吃苦在前，享受在后。

- 贪污、挥霍浪费、相面、算卦、拜把子、求神拜佛，这些都是封建主义的东西……必须引起我们高度注意，不然影响自己，甚至被敌人利用，严重影响生产。

· 鱼塘是集体的，怎么能让我一个人尝鲜？如果大家都不遵守制度，乱尝鲜，集体财产不就变成私有财产了吗？

· 书记的女儿不能高人一等，在学校要尊敬老师，团结同学，在街上对群众要有礼貌，只能带头艰苦，不能有任何特殊。

· 我想，作为一个革命战士，就要像松柏一样，无论在烈日炎炎的夏天，还是在冰天雪飘的严冬，永不凋谢，永不变色；还要像杨柳一样，栽在哪里活在哪里，根深叶茂，茁壮旺盛；要像泡桐那样，抓紧时间，迅速成长，尽快地为人民贡献自己的力量。

· 我们必须贯彻中央和毛主席提出的勤俭建国、勤俭办社、勤俭持家、勤俭办一切事业的方针，不论公家和私人都不要浪费一文钱，可以不用的钱坚持不用，应花的尽量少花，可以不办的事情坚持不办，一切从生产出发，从节约出发。

· 我死后只有一个要求，要求党组织把我运回兰考，埋在沙丘上。活着我没有治好沙丘，死了也要看着你们把沙丘治好！

三、焦裕禄起草的文件选编

—— 十条工作经验 ——

（1956年12月，焦裕禄为洛阳矿山机器厂
一金工车间基层干部起草）

1. 要依靠党的领导；

2. 要依靠群众；

3. 要发扬民主；

4. 要经常总结工作；

5. 要学习政治理论；

6. 要利用积极分子做工作；

7. 要了解群众思想、关心群众生活；

8. 要搞好团结；

9. 要学习党的政策；

10. 要主动向上级汇报工作。

—— 共产党员坚定地树立社会主义新风尚的八条规定 ——

（1963年4月3日，焦裕禄为中共兰考县委起草）

一、共产党员必须一心一意走社会主义道路、集体主义的道路，不
得从事投机倒把、放高利贷和其他一切剥削活动。

二、共产党员必须有明确的阶级观点，只能讲阶级，不能讲宗族，
不得参加任何封建宗派活动。

三、共产党员必须是唯物论者、无神论者，只能相信科学，不能相信鬼神。

四、共产党员必须模范地遵守国家的法令。

五、共产党员必须以勤俭节约为荣，以铺张浪费为耻。我们不是不讲人情，我国劳动人民人情往来的原则历来就是"礼轻情意重"，红白喜事以及日常的人情来往，情意越深、越重、越好，请客、送礼，花钱越少越好。应该提倡新式结婚，新式送葬，只求真情实意，不讲俗套的吃喝、礼仪。至于用国家和集体的财物请客送礼，大吃大喝，更是绝对禁止。

六、共产党员必须廉洁奉公，不得盗窃，不得占公家的便宜。

七、共产党员应该从事正当的文娱活动，不要摸牌赌博，要遵守共产主义道德，反对搞不正当的男女关系。

八、共产党员要努力学习马克思列宁主义、毛泽东思想，学习党纲、党章和党的方针、政策，学习文化和科学技术知识，不断提高自己的政治觉悟和文化水平。

四、焦裕禄生平大事简表

1922 年	8 月 16 日，出生于山东省博山县崮山镇北崮山村。
1932 年至 1943 年	因家乡遭灾，先是跟乡亲推着独轮小车运煤卖煤，后被日寇抓去做苦工，侥幸逃回家乡。
1943 年至 1945 年	逃难到江苏省宿迁县（今宿迁市），在当地一个地主家当长工。

1945 年	回到家乡北崮山村，在村里参加中国共产党领导的民兵组织，担任过民兵队的吹号手，多次参加战斗。同年冬，民兵队派他学习制造地雷技术，很快成为造地雷的能手。
1946 年	1 月，经民兵队队长焦方开、村党支部书记李景伦介绍，在北崮山村加入中国共产党，三个月后转正。 3 月，担任区武装部干事，多次去敌占区侦察，都出色完成任务。
1947 年	7 月，调到渤海地区南下干部工作队，任淮海大队一中队二班班长。 10 月，随南下干部工作队启程南下。
1948 年	1 月，淮海大队留在河南，被分配在豫皖苏区党委土改工作团。 2 月，被分配到河南省尉氏县搞土改运动，任彭店区区队指导员。 5 月，任中共尉氏县委宣传部干事。 11 月，率领担架队，参加支援淮海战役的斗争。
1949 年	春，回到尉氏县工作，任大营区副区长，领导那里的剿匪反霸斗争。
1950 年	夏，任尉氏县大营区区委副书记、区长。 冬，任青年团尉氏县工委副书记。

1951 年	6 月，历任青年团陈留地委宣传部部长、副书记，青年团郑州地委第二书记。其间曾参加地委工作组，到杞县搞土地复查。
1953 年	6 月，调到洛阳矿山机器厂工作，先后担任厂筹建处资料办公室秘书组副组长、基建工程科副科长兼团总支书记。
1954 年 8 月至 1956 年	受组织委派，到哈尔滨工业大学学习，奠定了工业建设的理论基础。其间，到大连起重机厂实习一年，担任实习车间主任。
1956 年冬至 1959 年	回到洛阳矿山机器厂，担任一金工车间主任。其间，在他的领导下，车间制造出我国第一台 2.5 米双筒卷扬机。1958 年，一金工车间被评为"红旗车间"。
1959 年	春，调任洛阳矿山机器厂调度科科长，很快成为工业管理的内行。
1962 年	6 月，调回尉氏县工作，担任县委副书记。12 月，调到兰考县工作，先后担任县委第二书记、书记。在兰考的 470 多天里，领导兰考干部群众战天斗地，治理"三害"。
1964 年	5 月 14 日，因肝癌急性复发逝世，病逝于郑州，终年 42 岁。11 月 20 日，《人民日报》刊发焦裕禄病逝的消息。

1966 年　　　　2 月 26 日，焦裕禄的遗体从郑州迁回兰考安葬，火车站迎接焦书记的群众人山人海，上万群众自发披麻戴孝，泣不成声。火车站到墓地三里路，灵车走了两个半小时。兰考县委在县大礼堂举行焦裕禄追悼会，时任河南省副省长赵文甫发表讲话。

五、学习焦裕禄同志、弘扬焦裕禄精神活动简表

1964 年　　　　11 月 22 日，中共河南省委向全省干部发出学习焦裕禄同志的号召。

11 月 30 日，中共开封地委发出学习焦裕禄同志为人民服务革命精神的通知。

1966 年　　　　2 月 1 日，河南省人民政府决定，授予焦裕禄同志"革命烈士"称号。

2 月 6 日，新华社向全国播发穆青、冯健、周原合写的长篇通讯《县委书记的榜样——焦裕禄》。

2 月 7 日，《县委书记的榜样——焦裕禄》刊登在《人民日报》上，同时配发社论《向毛泽东同志的好学生——焦裕禄同志学习》。同日，中央人民广播电台全文播出这篇通讯。

2 月 8 日，中共河南省委发出《关于学习焦裕禄同志的通知》，号召全省党员干部都要以焦裕禄为榜样。

2月9日，老一辈无产阶级革命家董必武作诗《学焦裕禄同志》二首。

2月9日，中共开封地委发布《关于进一步学习焦裕禄同志的决定》。

2月12日，中共开封地委下发《开展学习和宣传焦裕禄同志的通知》。

3月9日，中共兰考县委学习焦裕禄委员会发布《关于深入开展学习焦裕禄同志具体安排的通知》。

9月15日，焦裕禄的二女儿焦守云被邀请登上天安门城楼，受到了毛泽东、周恩来、邓小平、陈云等领导人的亲切接见。

1990 年

1月1日，中共兰考县委发布《关于深入学习焦裕禄精神的决定》。

1月6日，中共开封市委发布《关于开展向焦裕禄同志学习活动的决定》。

1月，电影《焦裕禄》在全国上映。

5月7日，中共河南省第四届委员会第十一次全体（扩大）会议通过《中共河南省委关于深入学习焦裕禄精神的决定》。

5月16日，在兰考参加"弘扬焦裕禄精神理论与实践研讨会"的26位县委书记、县长向全国的县委书记、县长发出倡议书，争做学习、发扬、实践焦裕禄精神的带头人。

6月，华夏出版社出版纪实文学《焦裕禄》，邓小平亲笔题写书名，时任国务院总理李鹏题词"让焦裕禄精神更加弘扬光大"。

7月9日，《人民日报》发表穆青、冯健、周原再访兰考后合写的长篇通讯《人民呼唤焦裕禄》。

7月15日，时任中共福州市委书记习近平填词《念奴娇·追思焦裕禄》，发表在次日的《福州日报》上。

1991年

2月9日，时任中共中央总书记江泽民赴兰考考察，向焦裕禄烈士墓敬献了花圈，听取了焦裕禄革命事迹介绍，并瞻仰了烈士遗物。在展示大厅留下了"向焦裕禄同志学习，全心全意为人民服务"的题词。

年初，中宣部、中组部、广播电影电视部、文化部、中华全国总工会联合发布《关于做好影片〈焦裕禄〉宣传、发行和放映工作的通知》。

1994年

5月11日，《河南日报》发表穆青、冯健、周原合写的《焦裕禄精神常青》。

5月13日，纪念焦裕禄同志逝世30周年大会在郑州举行，时任中共中央政治局常委、中央书记处书记胡锦涛受江泽民总书记委托，出席大会并发表了重要讲话。

5月14日，胡锦涛赴兰考，为焦裕禄同志纪念馆落成剪彩，并接见了焦裕禄家人和兰考部分干部，深入兰考的农民家里调研，主持召开基层党建座谈会。

2007年　　　10月1日至7日，郑州大学教授周文顺在中央电视台《百家讲坛》开讲《焦裕禄》，在社会上引起了广泛响应。

2009年　　　4月1日，时任中共中央政治局常委、国家副主席、中央军委副主席习近平在河南调研，专程前往焦裕禄纪念园，瞻仰了焦裕禄烈士纪念碑，并敬献了花篮，还亲切看望了焦裕禄的家属。

　　　　　　　4月6日，中共河南省委发布《关于新形势下深入学习大力弘扬焦裕禄精神、加强党性修养、切实改进作风、推动科学发展的决定》。

　　　　　　　4月18日，中共兰考县委发布《关于开展学习实践科学发展观、弘扬焦裕禄精神、贯彻八届省委80次常委会议精神，建设科学发展先进县调研活动的决定》。

　　　　　　　4月22日，中共开封市委发布《关于成立市委学习弘扬焦裕禄精神活动领导小组的通知》。

　　　　　　　5月14日，中共河南省委召开纪念焦裕禄同志逝世45周年大会，号召全省上下掀起深入学习大力弘扬焦裕禄精神的热潮。

2012年　　　10月，30集电视连续剧《焦裕禄》在中央电视台一套黄金时间播出。

2014年　　　3月17日，习近平总书记在兰考调研指导党的群众路线教育实践活动时，前往焦裕禄同志纪念馆，后在焦裕禄干部学院同学员座谈。次日，习近平总书记在焦裕禄同志纪念馆，亲切接见了焦裕禄的 5 个子女和当地部分焦裕禄式的好干部。

5 月 9 日，习近平总书记再赴兰考，指导县委常委班子党的群众路线教育实践活动专题民主生活会，指出作风建设是永恒课题，要标本兼治，经常抓、见常态，深入抓、见实效，持久抓、见长效，通过立破并举、扶正祛邪，不断巩固和扩大已经取得的成果，努力以优良的党风政风带动全社会风气根本好转。

2015 年　　1 月 12 日，习近平总书记同中央党校第一期县委书记研修班学员进行座谈时指出，焦裕禄同志为县委书记树立了榜样，大家要自觉学习和弘扬焦裕禄精神，努力成为党和人民信赖的好干部。

2017 年　　5 月 3 日，习近平总书记在中国政法大学考察时指出，焦裕禄同志的事迹归结到一点，就是坚定跟党走，他一生都在为党分忧、为党添彩。

2019 年　　9 月，习近平总书记在河南考察时指出，鄂豫皖苏区根据地是我们党的重要建党基地，焦裕禄精神、红旗渠精神、大别山精神等都是我们党的宝贵精神财富。

2020 年　　1 月 8 日，习近平总书记在"不忘初心、牢记使命"主题教育总结大会上的重要讲话中指出，新中国成立以后，也是因为我们党有一大批像焦裕

禄、谷文昌、杨善洲、张富清这样的英雄模范率
先垂范，才团结带领人民群众不断开创各项事业
发展新局面。

2021 年　　　　6 月 28 日晚，庆祝中国共产党成立 100 周年文艺
演出《伟大征程》在国家体育场盛大举行。戏曲
与舞蹈《激情岁月》生动塑造了焦裕禄等一批先
锋模范的奋斗群像。

2022 年　　　　3 月 27 日，《河南日报》发表《兰考，赶考（纪
念焦裕禄诞辰 100 周年主题报道）》。